JN302195

健康

太極拳

入門

CONTENTS

付録DVDの内容

付録DVDでは、書籍で紹介したのと同様、立禅→スワイショウ→八段錦（一〜四）→二十四式太極拳→八段錦（五〜八）→立禅→スワイショウ　の流れどおりに映像を収録しています。従ってメニュー画面の「教室での稽古の流れ」にカーソルを移動しクリックすれば、DVDをみながら同時に動作することで、教室にいるのと同様の流れで稽古を行うことが可能です。また、メニュー画面で「立禅」「スワイショウ」「八段錦（一〜四）」「二十四式太極拳」「八段錦（五〜八）」個々にカーソルを移動しクリックすれば、それぞれの部分のみを視聴することも可能です。なお「二十四式太極拳（反対側からの映像）」にカーソルを移動してクリックすれば、お手本をみながら同じ方向を向いて稽古を行うことができます。DVDの映像収録時間は「教室での稽古の流れ」が約30分。「二十四式太極拳（反対側からの映像）」を併せた総収録時間は約40分です。

太極拳とは

太極拳とは

太極拳は中国に伝わる民間武術のひとつです。練習方法の一部が健康に役立つため、わが国では健康法として伝えられています。 ゆっくりした動きが特徴で、成人であれば年齢・性別を問わず楽しみながらおこなうことができ、健康維持・疾病予防はもとより、ロコモティブ症候群の予防も期待できます。

もっともポピュラーな太極拳は簡化 24 式といわれる 24 の形からなるもので、全体の所要時間は 5 ～ 10 分程度。本書では 24 式を 10 分前後で行う楊名時太極拳（**注**）を紹介します。所要時間の長いものをおすすめする理由は、ゆっくりていねいに動くほど健康的効能にすぐれるからです。太極拳の効能については後半で述べますのでそちらをごらんください。

練習のアイテムと機能

太極拳はとてもバランスのとれた健康法ですが、楊名時太極拳ではその特徴を活かすために心と身体を整える養生法を加えて練習をします。それが「立禅」「スワイショウ」「八段錦」の３アイテム。これらを 24 式太極拳の前後に配置して練習全体のバランスを高めるのが楊名時太極拳の特徴です。立禅は座禅の瞑想を立っておこなうもので、呼吸を整えて身体をゆるめ、思考を身体の隅々にゆきわたらせます。気持ちを落ちつけて呼吸を整え、自律神経を調整して太極拳の動きに入る準備をします。

スワイショウはウエストをひねって腕を振る運動で、もっとも簡単な健康体操といえるものです。筋肉をゆるめて関節の動きを滑らかにする働きがあります。

八段錦は中国に古来から伝わる養生気功のひとつで、経絡を整えて太極拳動作に入る準備と、動作後の調整を身体に働きかけます。
立禅、スワイショウ、八段錦、24 式太極拳、これらの醸し出すバランスと心身への効能が楊名時太極拳の大きな特徴といえます。

練習にはいる前に

用具と服装

太極拳には特別に必要とする道具はありません。服装は軽い運動ができて関節の動きを損なわないものであればなんでもかまいません。履き物は床が整っていれば裸足でも可、靴を使うのであれば底の薄い運動靴や体育館シューズがよいでしょう。ソックス履きは床の状態によっては滑りやすくなるので転倒にご注意ください。

知っておいてほしいこと

太極拳は日常の動作よりゆっくり動くので慣れるまではぎこちない動きになります。それを気にして早くうまくなろうとする必要はありません。太極拳はぎこちない動きであっても身体に十分な働きかけをします。逆に、その時期でしか得られない効能も多くあります。早くうまくなることより、動きがぎこちなくても長く続けることが効果を得る秘訣でもあります。

太極拳は呼吸をたいせつにします。しかし呼吸の意識しすぎは逆効果です。呼吸は自然がいちばん。自然呼吸とは意識しない呼吸です。入門にあたっては立禅、八段錦ではしっかり呼吸を意識しておこない、太極拳では呼吸を忘れて動きに意識を集中しましょう。慣れるにしたがって自然に深い呼吸を身体が覚えていきます。自然に身につくことがたいせつです。

（注）楊名時太極拳：中国山西省出身で元大東文化大学教授の武道家、故楊名時を師家とする日本最大の太極拳流派。簡化 24 式太極拳を中心とした健康志向の太極拳教室を日本全国で展開中。普及母体はNPO法人日本健康太極拳協会。

PART

1 心の準備「立禅」

まず立禅で心と身体をリラックスさせます。意識を集中して立つことは太極拳の第一歩。リラックスといってもダラッとせず、身体の芯はシャンとしながらも、心は落ち着き身体中に気を配ります。

並歩から開歩へ

両脚を揃えた立ち方から左足を横に開きます。

少し右によって右足に重心をのせ、左足をゆるめあげて、ゆっくり開いてつま先からおろし、かかとをおろして重心を真ん中にもどします。1 2 3 4 5

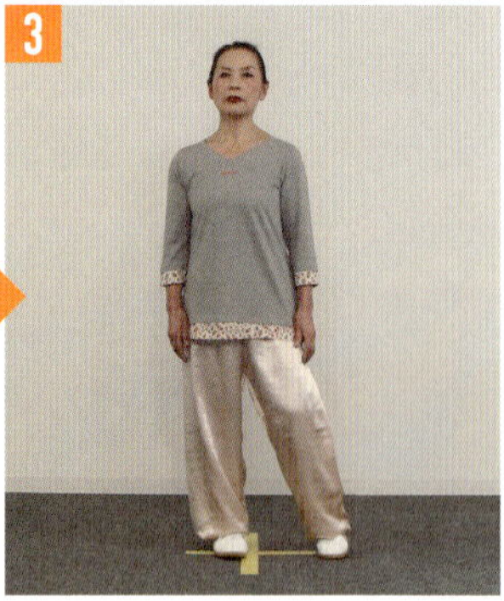

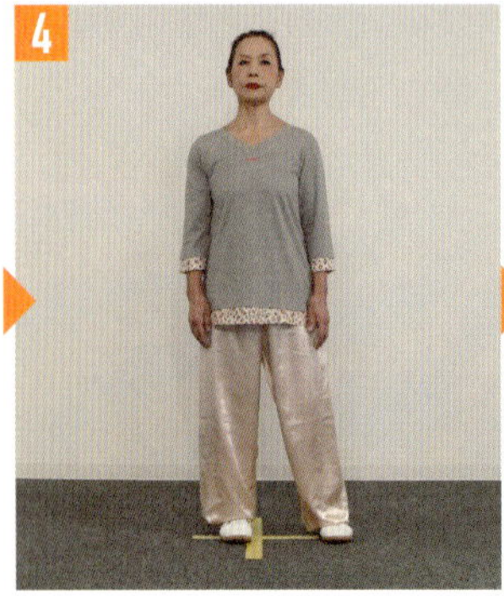

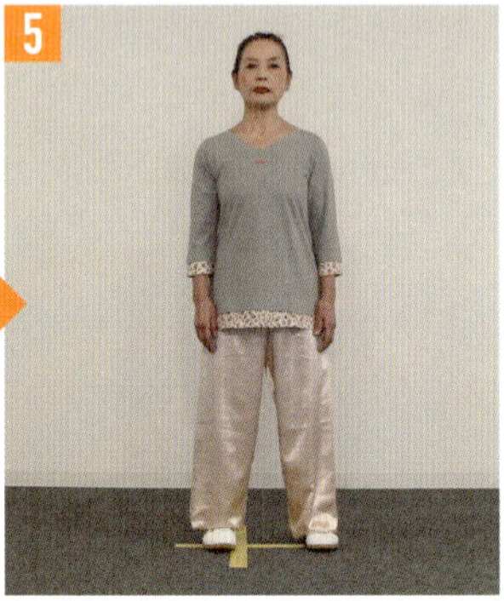

肩の力をぬいて腕をリラックスさせ、脇の下を締めないようにやや含みを持たせます。ヒザや股関節もピンと緊張させず少しだけゆるめます。6 7

目は閉じず見開かず、顔は温和に。呼吸を整え、お腹を意識してゆっくり息を吐くようにしましょう。

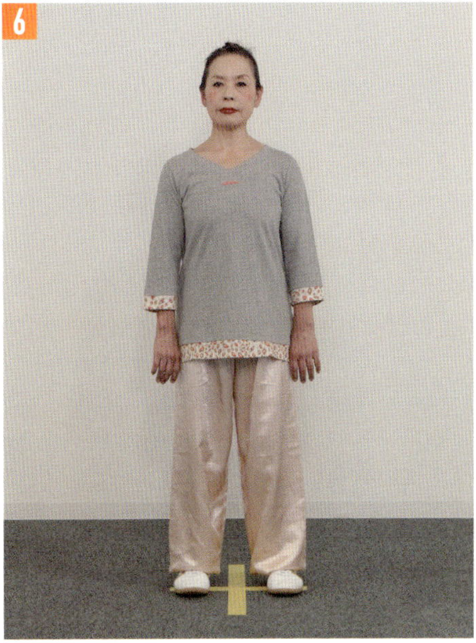
6

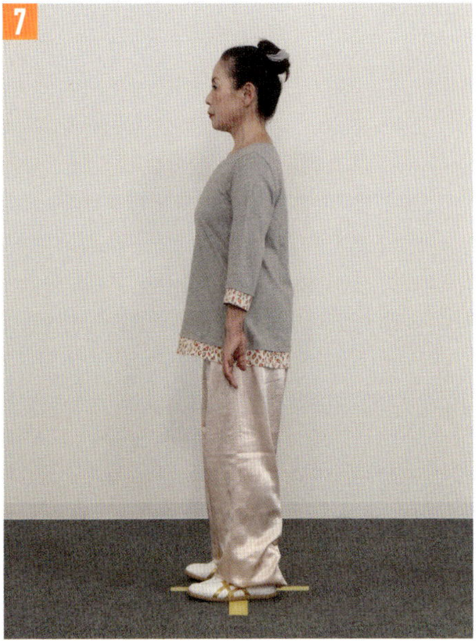
7

ポイント

首を垂れない
あごはあげず引きすぎず
肩はよくゆるめる
脇はゆったりと含みをもたせる
お腹をださない
尻をださない
足は伸ばさず曲げず

立禅を終えるときは、最初に足を開いたときと同じように、右足に重心をのせ、左足をゆるめあげ、ゆっくり右足によせて、かかとをおろして重心を真ん中にもどします。この足の開き方・閉じ方は太極拳で動くときの基本となります。ゆっくりと丁寧におこないましょう。

PART

2 身体の準備「スワイショウ」

　スワイショウは太極拳の準備運動に最適な健康体操、筋肉をゆるめて関節の準備をする運動です。

　立禅の姿勢から、ヒザをゆるめて胴の中心（ウエストあたり）をひねるように回転させ、肩から腕は力を抜いて胴にまきつくように振ります。

　慣れてくると、自然に身体がゆるんで動きにつれて重心が左右に揺れてきます。中心軸を意識しすぎないように自然に動きましょう。1 2 3 4 5 6 7 8 9 10 11 12

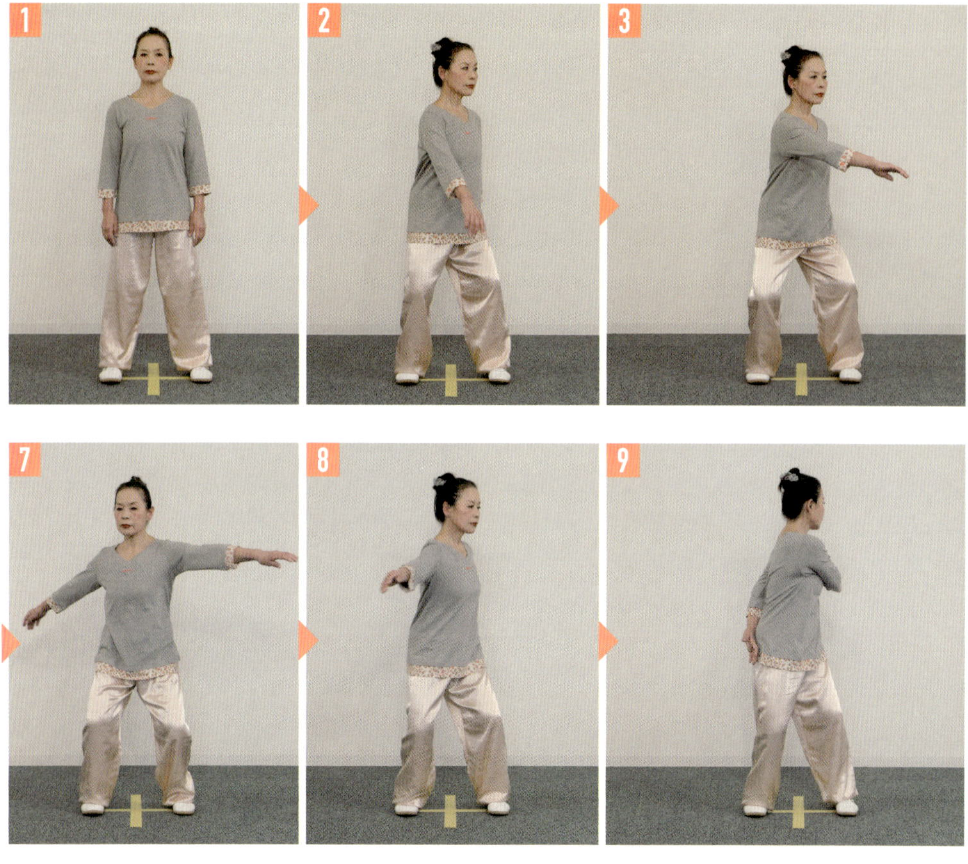

ポイント

視線が動きを先動するように
腕はよくゆるめ身体にまきつくように
ヒザはややゆるめる

（注）ひねり運動でヒザが横にぶれると関節に負担がかかります。ヒザの弱いひとはヒザの横ブレをしないように注意しましょう。スワイショウをしてヒザに違和感があるときは、ヒザを伸ばしてするのもよいでしょう。腕をよくゆるめてウエストでひねることを優先しましょう。

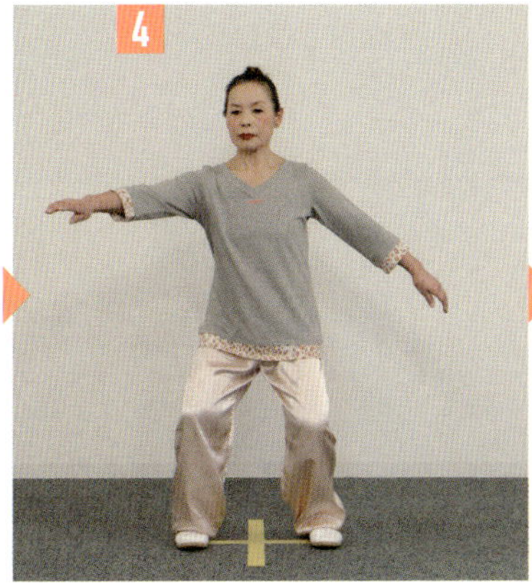

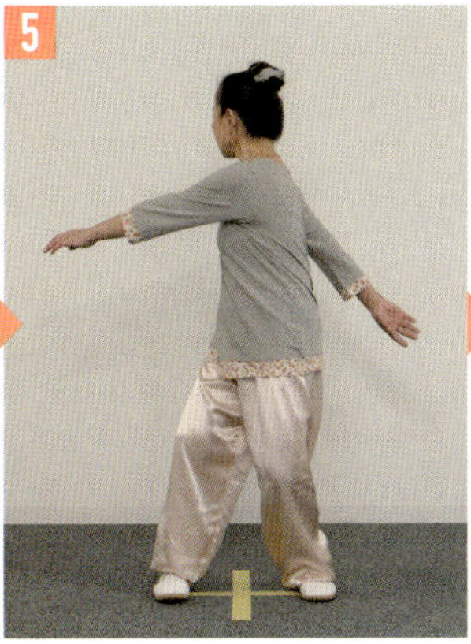

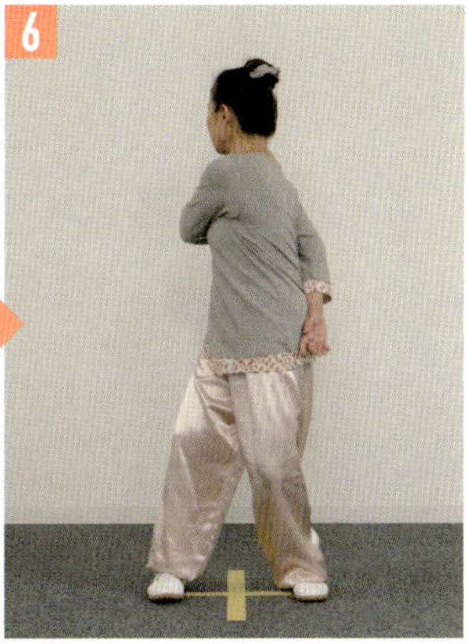

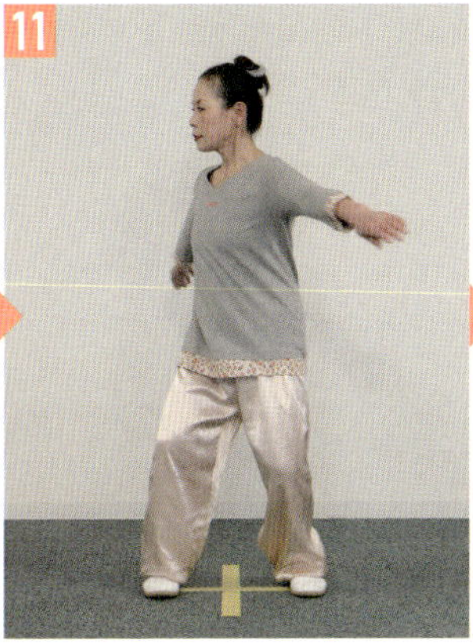

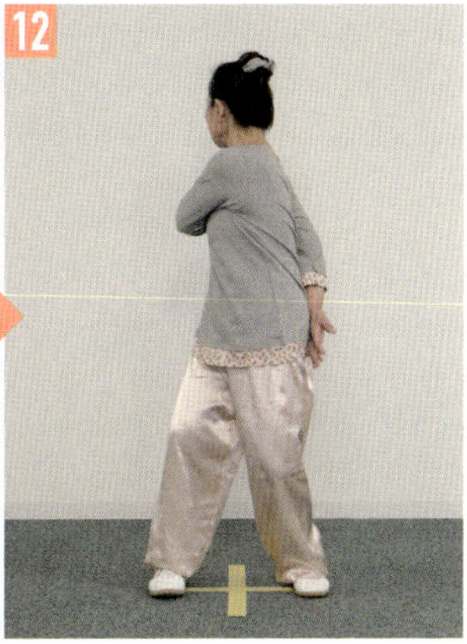

PART 3

経絡の準備「八段錦」第一段錦～第四段錦

1 第一段錦　双手托天理三焦

shuang shou tuo tian li san jiao

両手を組んで伸ばしあげ、手のひらを上に向ける

肩幅ぐらいの歩幅で立ち、両手のひらを上向きにして指を交叉させ、息を吸いながら胸の高さまであげる。1 2 3

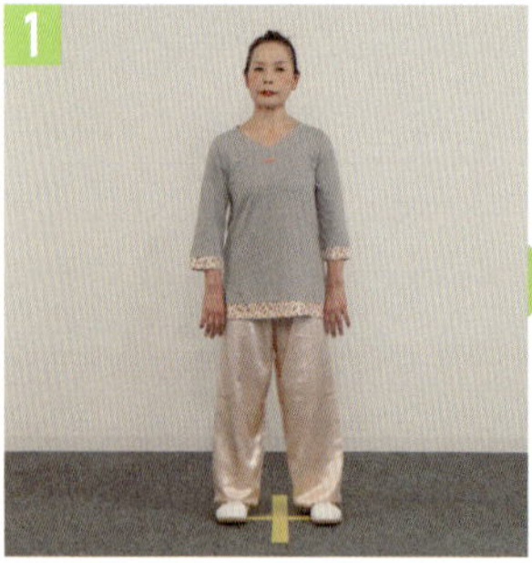

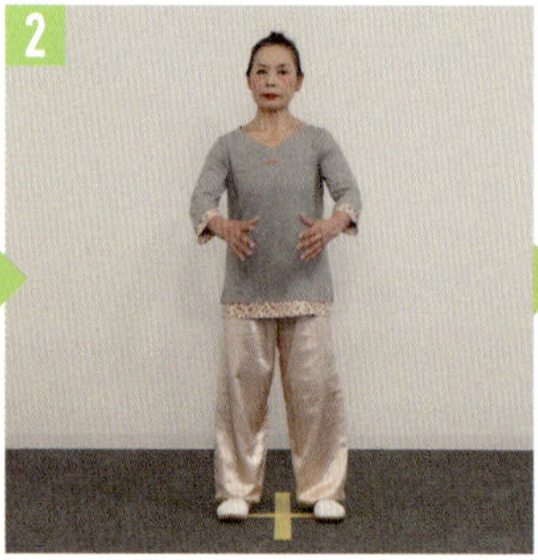

指を交叉させたまま、前後にボールの表面を撫でるように手のひらを返しながら上から下に回し、息を吐きながら手のひらを下に向けて下腹前までおろす。4 5 6

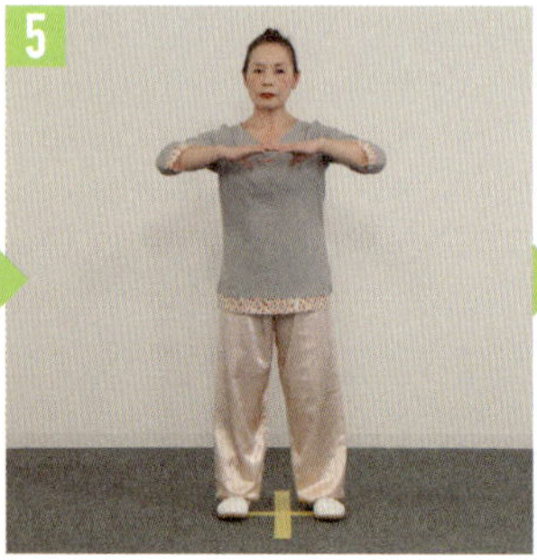

息を吸いながら両手を持ちあげ、手のひらを返して上に向け頭上にあげる。7 8

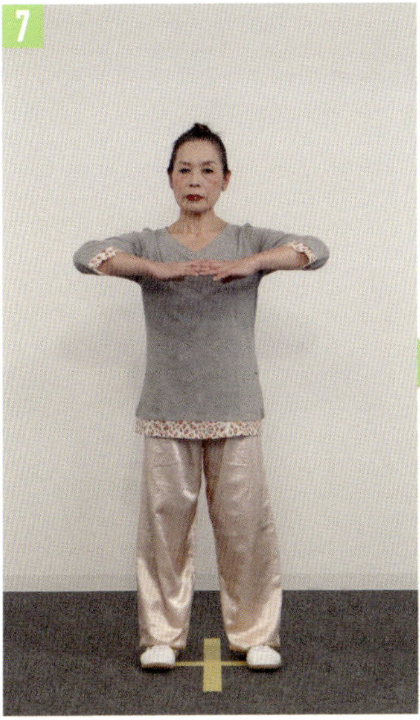

頭上で指を静かにほどき、息を吐きながら両側に広げおろし、もとの姿勢にもどる。9 10 11 もう一度くり返すと効果的。

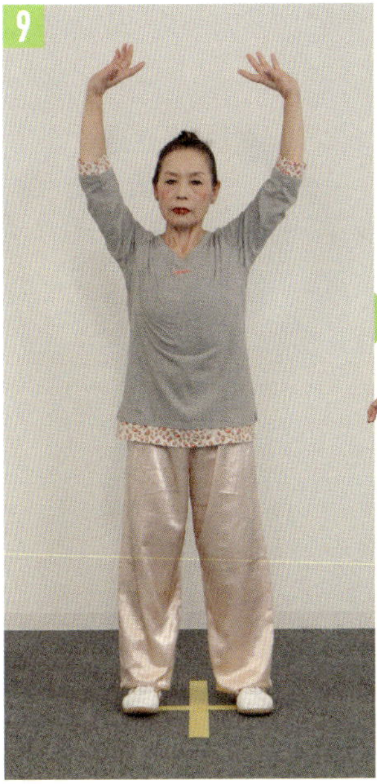

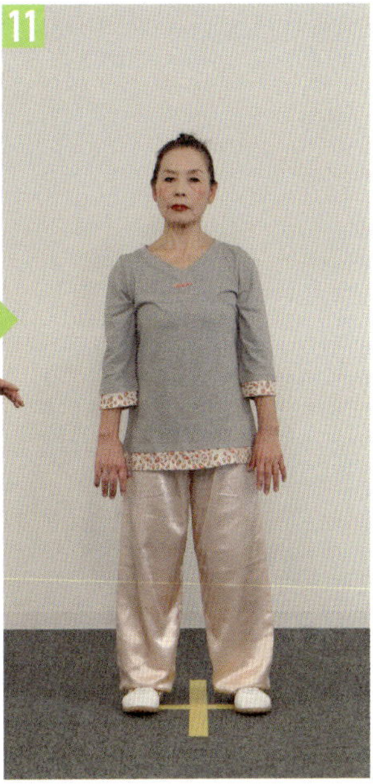

主に消化器系の経絡に働きかけます。

2 第二段錦　左右開弓似射雕

zuo you kai gong si she diao

弓を引くように胸を広げて腕を引き伸ばしする。

肩幅の2倍ぐらいの歩幅で立つ。息を吸いながら両腕を広げ、息を吐き沈みながら両腕を正面におろして中腰になり、腕は自然に前に垂らす。1 2 3

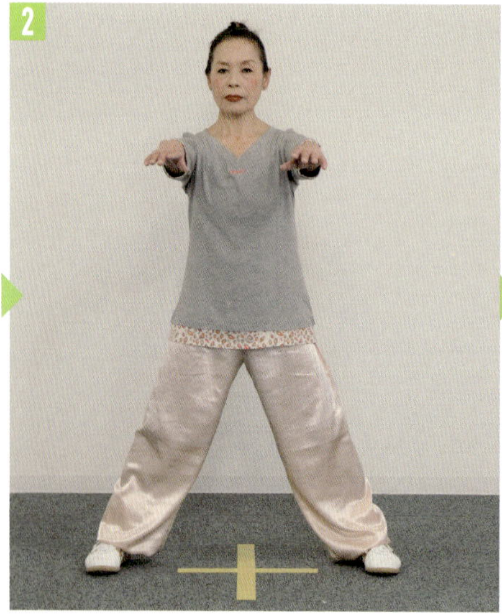

両手を軽く握り、息を吸いながら胸の高さまで持ちあげる。

左手を剣訣（**注**）にして、息を吐きながら右肘を横に引き右こぶしを右肩によせ、同時に左手を左前方に伸ばしながら剣訣を立て、左横方向に押しだす。視線は剣訣の方向、遠くを見る。

4 5 6

4

5

6

（注）剣訣：人さし指と中指を伸ばし立て、薬指と小指を親指で押さえる手の形。握りは適度に、握りすぎや萎えすぎはよくない。

7

8

11

12

15

16

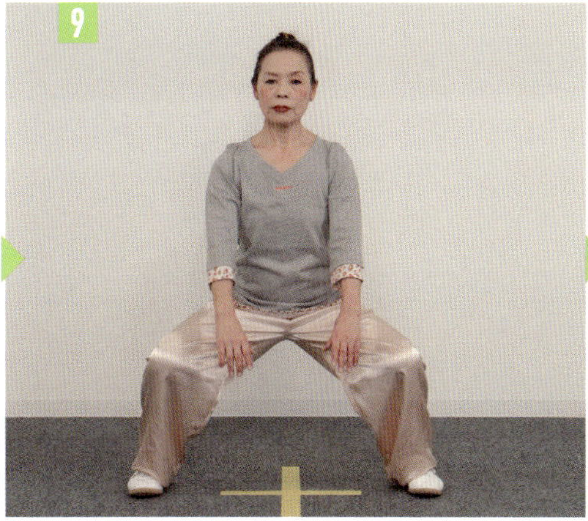

息を吸いながら両手を胸前にもどし、剣訣をゆるめ息を吐きながら両手を垂らし、もとにもどる。7 8 9　同じ動きを左右入換えて反対におこなう。最後は息を吐きながらゆっくりとヒザを伸ばし、右ヒザをゆるめ左足を肩幅ぐらいによせて、立禅の姿勢で呼吸を整える。10 11 12 13 14 15 16

ポイント

この歩型を馬歩という。肩幅の 1.5 倍から 2 倍の足幅で、つま先は正面に向ける。高さは体力に応じて加減する。ヒザはつま先より前にでない。尻を後ろにださない。

呼吸器関連の経絡に働きかけます。

3 第三段錦　調理脾胃須単挙

tiao li pi wei xu dan ju

肩幅ぐらいの歩幅で立ち、息を吸いながら両手のひらを上に向け、息を吸いながらゆっくり胸の高さにあげる。1 2

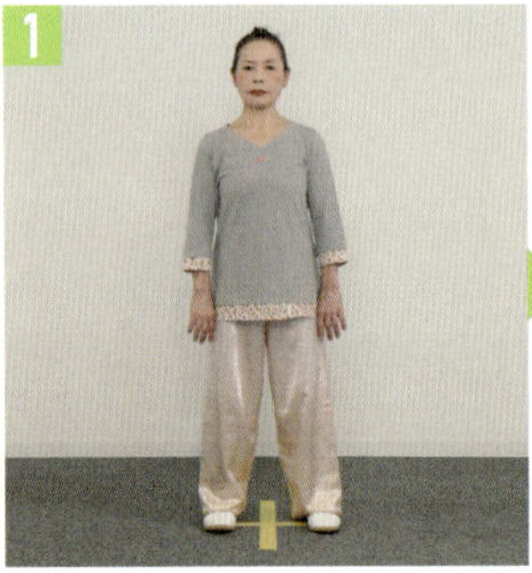

小さなボールを撫でるように手を返し、手のひらを下に向ける。息を吐きながら両手のひらでなにかを押さえるようにみぞおちあたりまでおろす。3 4

息を吸いながら左手を、手のひらが外に向くように肘からあげ、頭上に持ちあげる。同時に右手はとまらず下降を続け、股関節右斜め前あたりを押さえる。5 6

息を吐きながら頭上にある左手を横に開きおろし、もとの姿勢にもどる。
7 8

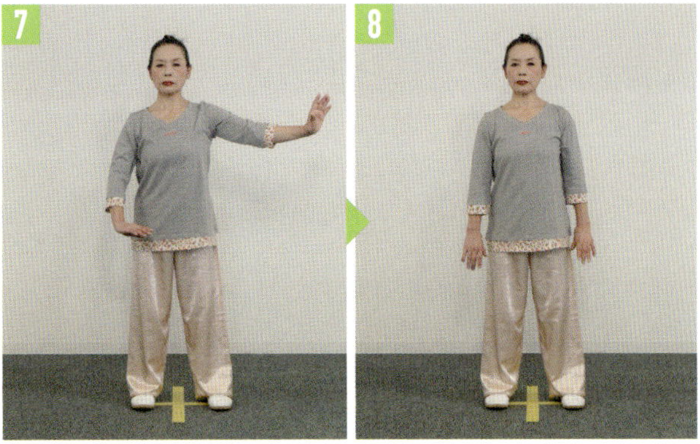

同じ動きを左右入れ替えて反対におこなう。
9 10 11 12 13 14 15

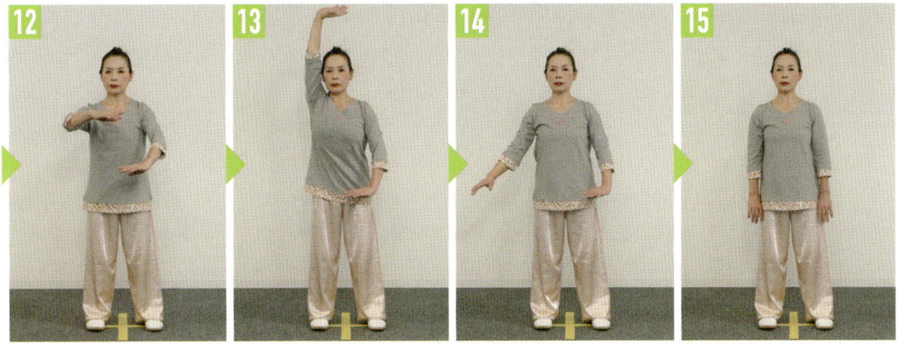

ポイント

両手の分け開きは同時にできあがります。
両手は腰を中心に上下左右のバランスをとります。

胃腸関連の経絡に働きかける動きです。

4 第四段錦　五労七傷往后瞧

wu lao qi shang wang hou qiao

肩幅ぐらいの歩幅で立ち、息を吸いながら両手のひらを徐々に上に向け、胸の高さにあげる。
1 2 3

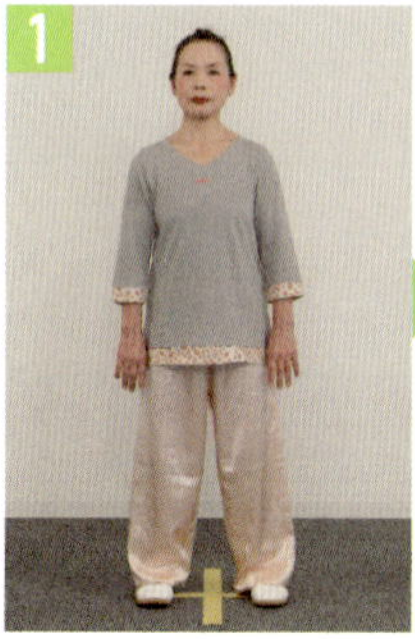

小さなボールを撫でるように手を返し、息を吐きながら手のひらを下に向け腕をおろす。同時に首をゆっくり左に回し斜め後ろを向く。意識は丹田（**注**）から右足を伝って右足の裏に向ける。4 5 6

息を吸いながら、手のひらを徐々に上に向け両手を胸の高さまであげる。意識はゆっくりと丹田にもどす。7 8

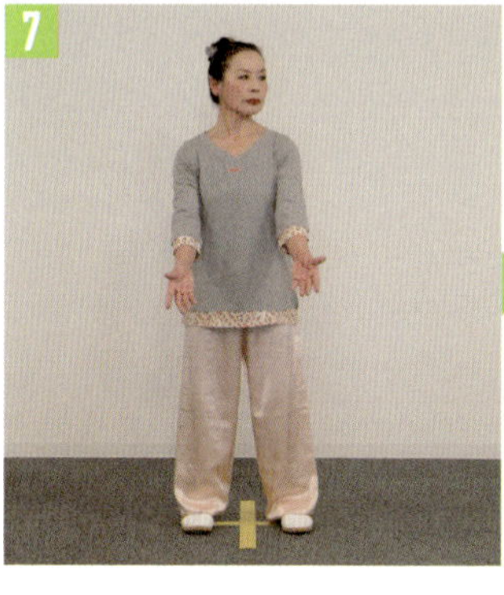

同じ要領で、手をおろしながら首を右にひねる動作をおこなう。9 10 11

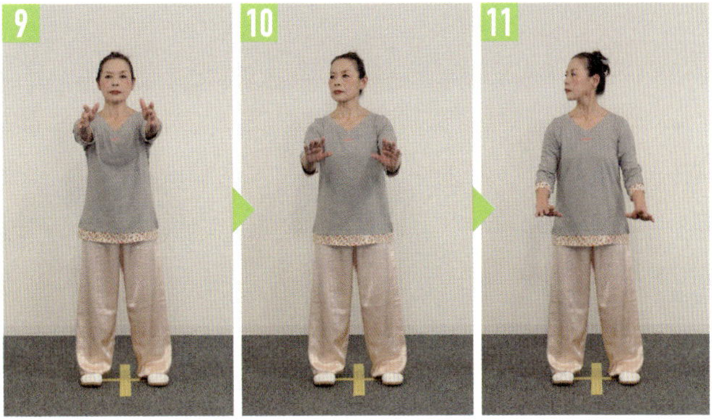

最後に、もう一度息を吸いながら腕を胸の高さにあげ、首は正面を向いたまま息を吐きながら腕をおろし、もとの姿勢にもどる。

12 13 14 15

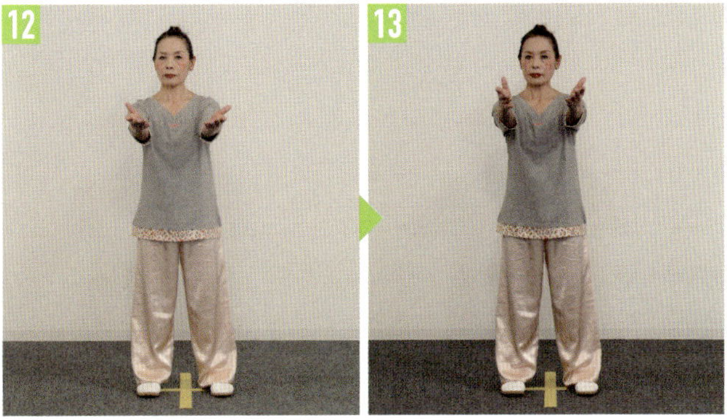

（注）
丹田（たんでん）：
中国で古来から気の集まるところと言われる部位。へその下3寸に位置する。

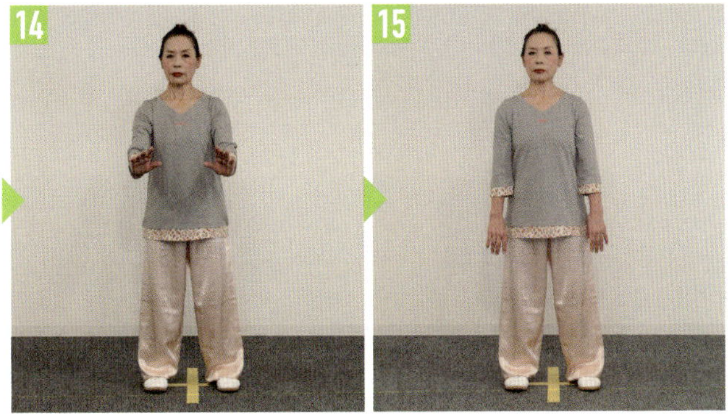

ポイント

首をまわすとき、首が傾かないように。

首をひねる動きで内臓の慢性疾患を予防します。

PART

4 二十四式太極拳

予備勢 十字手

yubeishi shizishou

1 両足をそろえた立ちかたから、右足に重心を移し左足を肩幅ぐらいに開いて置き、重心を真ん中にもどす。

1 2 3

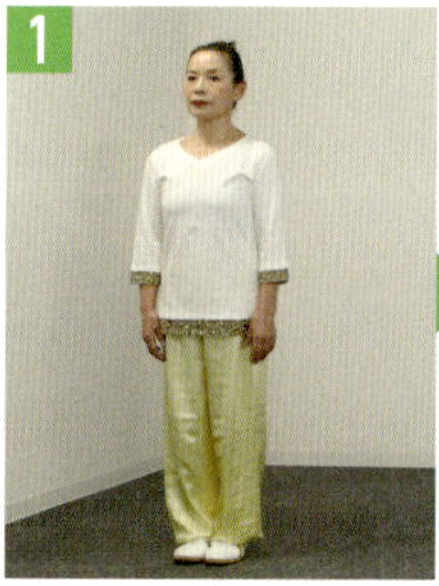

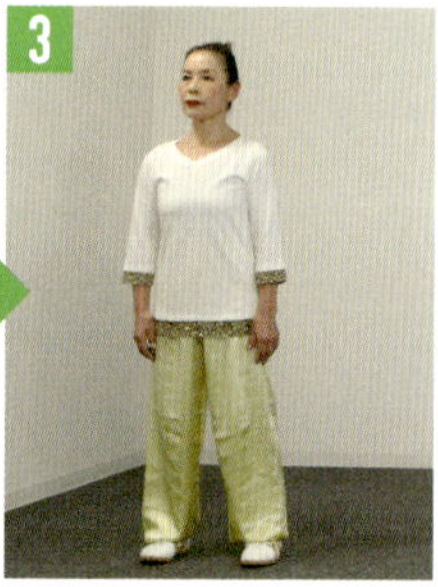

2 両手を外から上に開きあげ、額のやや上で交差させ顔前から胸前を通り、左右に分けてもとの位置にもどす。

4 5 6 7 8 9

1 起勢

qishi

動き出しの形

1 両腕をゆっくり前から上に持ちあげる。1 2

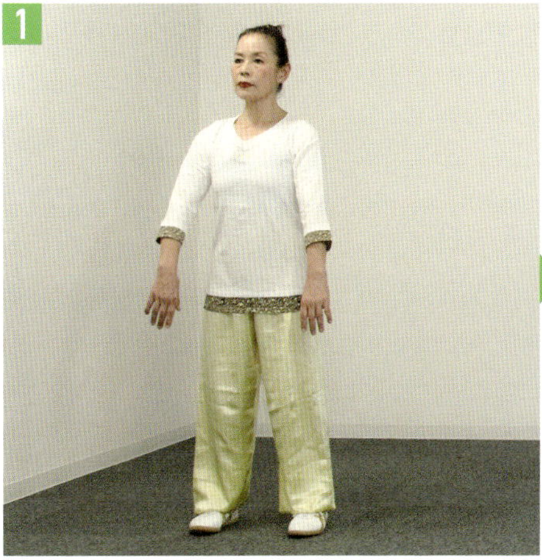

2 手首が肩の高さにきたら、手首と肘、股関節、ヒザをゆるめゆっくり沈み中腰になる。 手のひらは下に押さえるようにみぞおちから腹前ぐらいにおりる。3 4

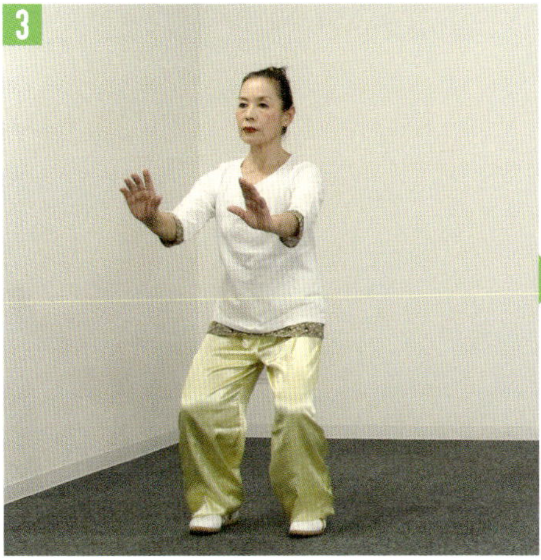

2 野馬分鬃

yemafenzong

馬のたてがみを手入れする動き。

左野馬分鬃

1 右手は小さく左手はやや大きめに反時計回りの渦を描いて、右手が上、左手が下でボールを抱える。ボールを少し右にふってから身体をやや左に向け、左足をよせる。

1 2 3 4

2 上体を左に向けながら真横に向かって左足をだし、かかとから着地して、左ヒザをゆるめてゆっくり体重を左足に移し弓歩（**注**）となる。

同時に両手をやや交叉してから分けるように回し広げ、左手は顔前で手のひらを斜め上に向け、右手は右股関節斜め前あたりで手のひら下向き、指先は正面に向けておく。5 6 7

3 視線は手の動きより少し先行して進行方向に向く。

5

6

7

（注）弓歩：前７後ろ３の重心配分で、横の幅は肩幅ぐらい。前足のつま先は正面に、後ろ足のつま先は斜め前に向ける。前後の幅が広いと脚力鍛錬になるが、ヒザの負担は増える。

右野馬分鬃

4 後ろ足に体重をもどし、前足のつま先をややあげて斜め外に開く。8 9

8

9

5 ゆっくり重心を前足に移して、右足を左足わきによせる。左右の手はそれぞれ手のひらを返しながら弧を描いて胸の前で左手が上、右手が下でボールを抱えるようにする。視線は真横を見る。10 11

10

11

6 右足を進行方向やや右前にだし、かかとから着地する。右ヒザをゆるめてゆっくり重心を右足に乗せ弓歩になる。同時に両手をやや交叉してから分けるように回し広げ、右手は顔前で手のひらを斜め上に向け、左手は左股関節斜め前あたりで手のひら下向き、指先は正面に向けておく。12 13 14

左野馬分鬃

8～14と同じように左右逆に動く。
15 16 17 18 19

3 白鶴亮翅

baiheliangchi

白鶴が羽を広げかけている形の動き

1 左ヒザをゆるめてゆっくり重心を移しながら右足を左足によせ、つま先は斜め右に向けておき、つぎにゆっくり重心を右足にもどしかかとを少しあげ 虚歩 **（注）** の姿勢となる。

両手はいったん交差するように円を描いて、右手は右上、顔の横あたりで手のひらを内に向け、左手は左下の股関節斜め前におく。右手が前にあがったとき、視線は右手を追い、できあがりと同時に正面に向く。両腕は曲げすぎず、伸ばしきらず、弧形をたもち余裕を持たせる。 1 2 3 4 5

（注） 虚歩：うしろ重心の歩型。重心配分は前４：後６ぐらい。この動作では前足のつま先を着地させかかとは浮かせる。かかと着地でつま先を浮かせる虚歩（例：手揮琵琶 ）もある。

4 摟膝拗歩

louxiaobu

ヒザを払いながら進む動き

左摟膝拗歩

1 身体のひねりとともに右手を前にだし、弧を描いて顔前から下を通って斜め右後ろにあがる。同時に左手は上から胸前に伏せおく。視線は右横を見る。1 2 3

2 左足を進行方向に一歩踏みだしかかとから着地する。

右手を顔脇によせあご前に進め、左手は腹前に押さえる。前足のヒザをゆるめゆっくり弓歩になる。同時に右手を顔の前にだし進めながら左手を横に払う。右手は顔前で手首を沈めて手を立て、小指側がやや前にでて手のひらは少し左に向く。左手は手のひらを下にして指は正面を向き、左股関節の斜め横前を押さえる。視線は右手の動きに先行して正面を向く。4 5 6

右摟膝拗歩

3 後ろ足に体重をもどし、前足のつま先をややあげて斜め外に開く。7

4 つま先をゆるめおろしながらゆっくり重心を前足に移して、右足を左足わきによせる。左右の手はそれぞれ手のひらを返しながら弧を描いて、左手は斜め左後ろへ、右手は胸前に伏せる。視線は左横を見る。8 9

7

8

9

5 右足を進行方向に一歩踏みだしかかとから着地する。

左手を顔脇によせあご前に進め、右手は腹前に押さえる。前足のヒザをゆるめゆっくり弓歩になる。同時に左手を顔の前にだし進めながら右手を横に払う。左手は顔前で手首を静め立掌となり、小指側がやや前にでて手のひらは少し右に向く。右手は手のひらを下にして指は正面を向き、右股関節の斜め横前を押さえる。視線は左手の動きに先行して正面を向く。10 11 12

10

11

12

左摟膝拗歩

7～12と同じように左右逆に動く。
13 14 15 16 17

13

14

15

16

17

5 手揮琵琶

shouhuipipa

琵琶をかかえる形の動き

1 左ヒザをゆるめてゆっくり重心を移しながら右足を左足によせつま先は斜め右に向けておき、つぎにゆっくり重心を右足にもどし左のかかとを少しあげる。そのまま左足を少し前にだし、つま先をあげかかとを着地して虚歩の姿勢となる。1 2 3

2 左手を右に振ってから顔の前にあげ手のひらは右に向け手首と肘を沈め、右手は左肘の内側にそえ手首と肘を沈める。腕は円く構えながらもってくること。視線は正面、左手の先を見る。4 5 6

6 左右倒捲肱

zuoyoudaojuangong

腕を捲き込みながら後ろに歩を進める動き

左倒捲肱

1 両腕をゆるめながらややおろし、両手のひらを返しながら左手は前、右手は腹前を通って右肩のやや後ろに広げあげる。視線は右真横を見る。 1 2

2 右腕はとまらずに顔の脇までより、同時に左足を軽くあげ右足の脇を通って一歩後ろのやや左よりにつま先をおろす。 3 4

3 右手を前にだしながら左足のかかとをおろし、ゆっくりと重心を後ろに移すと同時に身体を左にひねりながら右手を前にだし、左手は手のひらを上に向けて腹前に収める。このとき重心が移るとともにやや身体を沈め、前の足先を正面に向ける。5

右倒捲肱

4 両腕をゆるめながらややおろし、両手のひらを返しながら右手は前、左手は腹前を通って左肩のやや後ろに広げあげる。視線は左真横を見る。6 7

5 左腕はとまらずに顔の脇までより、同時に右足を軽くあげ左足の脇を通って一歩後ろのやや右よりにつま先をおろす。8 9

6 左手を前にだしながら右足のかかとをおろし、ゆっくりと重心を後ろに移すと同時に身体を右にひねりながら左手を前にだし、右手は手のひらを上に向けて腹前に収める。このとき重心が移るとともにやや身体を沈め、前の足先を正面に向ける。10

左倒捲肱

1〜5と同じように動く。11 12 13 14 15

右倒捲肱

6〜10と同じように動く。16 17 18 19 20

7 左攬雀尾

zuolanquewei

鳥の尾のかたちに手を合わせる動き

1 身体を右にひねりながら右足に重心を移し、左足をよせる。同時に両腕を反時計回りで動かし、右手は手のひらを下向き、左手は上向きでボールを抱える姿勢となる。1 2

2 左足を前にだし、ゆっくり重心を左足に移して弓歩にする。同時に両手を分け開き左手は胸前に払いだし、右手は右股関節の斜め前横で手のひら下向きにおき指先は進行方向に向ける。3 4

3 身体をやや左にひねり、左腕を手のひらを下に向けながら前に伸ばし、両手を腹前に収めながら身体の旋転と重心の移動で時計回りに小さな円を描く。5 6 7

5

6

7

4 右手の手のひらを返し、重心を右足に移しながら右手は腹前から斜め右後方にあげ、左手は手のひらを内に向けて胸前で水平におく。右手は円を描いて顔の脇からあご前を通って左手首の内側に合わせる。8 9 10

8

9

10

5 重心を左足に移しながら身体をやや左に向けて弓歩とする。両腕は胸前で合わせて重心の移動とともに前にだす。
11 12

6 あわせた両手を、手のひらを下に向けながら肩幅ぐらいに開き分け、右足をゆるめ重心を後退させながら両手を胸前から腹前に弧を描いて収める。重心の移動とともに前足のつま先を少しあげる。
13 14

7 両手を胸前にあげながらゆっくり弓歩にもどり、両手のひらを前に向ける形となる。
15 16

8 右攬雀尾

youlanquewei

1 身体を大きく右にひねりながら右足に重心を移し、左足のつま先を内に向ける。両手は円を描いて右に動く。1 2

2 再び左足に重心を移しながら右手は下に、左手は上でボールを抱え、右足をよせ左足わきにおく。3 4

3 右足を前にだし、ゆっくり重心を右足に移して弓歩にする。同時に両手を分け開き右手は胸前に弧形をたもって払いだし、左手は右股関節の斜め前横で手のひら下向きにおき指先は進行方向に向ける。5 6

5

6

4 身体をやや右にひねり、右腕を手のひらを下に向けながら前に伸ばし、両手を腹前に収めながら身体の旋転と重心の移動で時計回りに小さな円を描く。7 8 9

7

8

9

5 左手の手のひらを返し、重心を左足に移しながら左手は腹前から斜め左後方にあげ、右手は手のひらを内に向けて胸前で水平におく。左手は円を描いて顔の脇からあご前を通って右手首の内側に合わせる。10 11

10

11

12

6 重心を右足に移して弓歩とする。両腕は胸前で合わせて重心の移動とともに前にだす。12

7 合わせた両手を、手のひらを下に向けながら肩幅ぐらいに開き分け、左足をゆるめ重心を後退させながら両手を胸前から腹前に弧を描いて収める。重心の移動とともに前足のつま先を少しあげる。13 14 15

8 両手を胸前にあげながらゆっくり弓歩にもどり、両手のひらを前に向ける形となる。16

9 単鞭

danbian

鞭のように片腕を使う動き

1 左ヒザをゆるめて左足に重心を移しながら、身体を回して左に向き、同時に右つま先を大きく内に入れる。両手は身体の旋転とともに左に移動する。1 2

2 右足に重心をもどし、左足を右足脇によせる。同時に右手は反時計回りに円を描いて鉤手（**注**）をつくり真横よりやや後ろにおく。左手は腹前から円く動いて手のひらを内向きにして右腕による。3 ～次ページ 4

（注）鉤手：手の五指先端を自然によせ手首を曲げた手型。

3 身体をやや左にひねりながら左足を前にだす。4 5

4

5

4 重心を前に移して弓歩となりながら、左手のひらを外に向け回し左手を進行方向（左足の方向）に押しだす。右手の鉤手は真横のやや後ろで動かさない。6

6

10 雲手

yunshou

雲をかき分けるように手を動かす動作

1 右のヒザをゆるめて重心を右足に移しながら身体を大きく右にひねる。同時に左足つま先を 90 度内に入れる。左手はゆるめて下げ転体とともに腹前から右真横で顔の高さに移動し、右手は鉤手をゆるめほどき手のひらを下に向けて円を描いて斜め右下におりる。1 2 3

2 続いて重心を左足に移しながら身体を大きく左にひねり、両手は転体とともに左に移動して右手は腹前から左真横に円を描いて動き手のひらを内に向けて顔の高さにあがる。

左手は手のひらを下に向けながら弧を描いて左下やや後方におりる。

転体とともに左足が軸となり右足を左足わきに平行によせる。4 5 6

3 重心を右足に移しながら身体を大きく右にひねる。両手は転体とともに右に移動して左手は腹前から右真横に円を描いて動き手のひらを内に向けて顔の高さにあがる。右手は手のひらを下に向けながら弧を描いて右下やや後方におりる。重心の移動とともに左のヒザをゆるめ前にだし左かかとをあげる。7 8

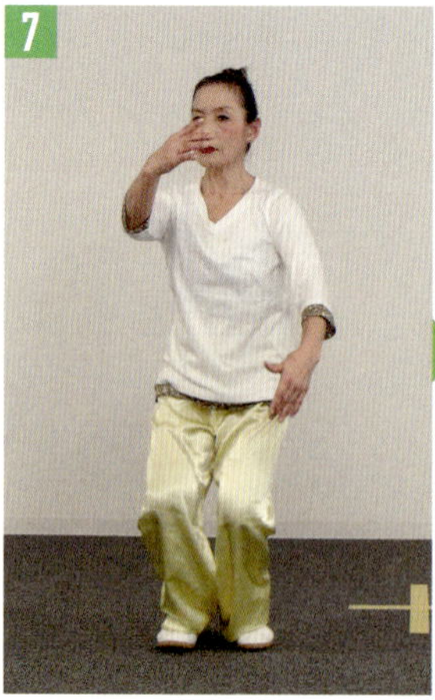

4 左足を真横に一歩踏みだしつま先から着地する。9

5 続いて重心を左足に移しながら身体を大きく左にひねり、両手は転体とともに左に移動して右手は腹前から左真横に円を描いて動き手のひらを内に向けて顔の高さにあがる。左手は手のひらを下に向けながら弧を描いて左下やや後方におりる。

10 11

6 転体とともに左足が軸となり右足を左足わきに平行によせる。12

12

7～12と同じように動き、最後に右足をよせるときつま先を斜め内に向けておく（次の動作の準備）。重心を右に移しながら身体を右にひねり正面に向け、左足のかかとをあげ、両手は転体とともに動き右手は顔前にくる。13 14 15 16 17 18

13

14

15

16

17

18

11 単鞭

danbian

1 右手を、反時計回りに円を描いて回し鉤手をつくり正面よりやや右におく。左手は腹前から円く動いて手のひらを内向きにして右腕による。同時に左足をよせる。

1 2 3 4

2 身体をやや左にひねりながら左足を前にだす。5

3 重心を前に移して弓歩となりながら、左手のひらを外に向け回し左手を進行方向（左足の方向）に押しだす。右手の鉤手は真横のやや後ろで動かさない。6

12 高探馬

gaotanma

背の高い馬のたてがみに手を伸ばしてつかむ動き

1 左ヒザをゆるめてゆっくり重心を移しながら右足を左足によせる。同時に鉤手をほどき両腕をややゆるめさげる。1 2

2 続いてゆっくり重心を右足にもどし左のかかとを少しあげる。同時に両手は手のひらを上に向けながら広げあげる。このとき視線は右横を見る。3

3 右手を顔の脇から顎の前に手のひらを下に向け押さえ、左足は少し前にだしつま先を着地して虚歩の姿勢となる。身体を左にひねりながら右手を前に差しだし、左手は手のひらを上に向けたまま腹前におさめる。視線は前方を見る。4 5 6

4 身体を右にひねりもどしながら左手を手のひら上向きのまま右手首の上に差しだし交叉させ、左手を手のひら下向きに返しながら再び身体を左にひねりながら両手を分け肩幅程度に開く。同時に左足のヒザを持ちあげる。7 8 9

13 右蹬脚

youdengjiao

右足で踏みつける動き

1 両手を開き分けるように回し下げ、左足をその場につま先をやや開いておろす。1 2

2 着地したら左ヒザをゆるめ曲げて重心を移し、両腕を腹前によせる。身体は斜め左を向く。3

3 右足をよせながら、両手を右手を外にして交叉させて胸前にあげ、同時に右のヒザをあげる。4 5

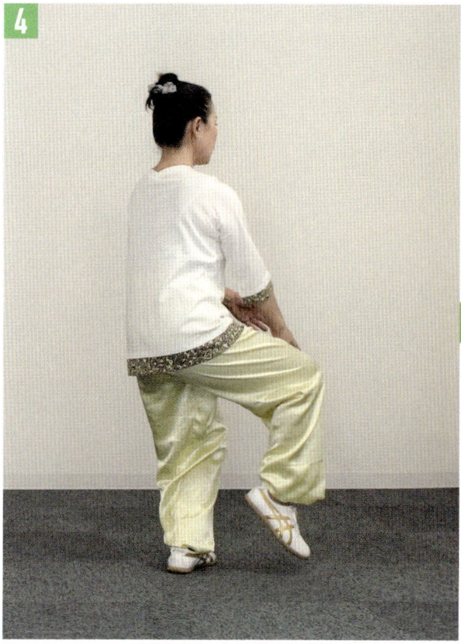
4

5

4 右のかかとを前に蹴りだしながら、両腕を開き手のひらを外に向けながら右手は進行方向（右足を蹴り出した方向）に、左手は斜め左後ろに向かって張りだす。張りだした腕は伸ばしきらない。6

6

14 双峰貫耳

shuangfengguaner

拳の峰で耳を穿つ動き

1 右足のヒザから下をゆるめて垂らし、両手は手のひらを上に向けながら顔前によせヒザのあたりにおろす。1 2

2 右足を前にだし、両手は拳をつくりゆっくり回内させながら腰脇から外に回しだす。3 4

3 右足に重心をのせ弓歩になりながら、両拳を顔前で挟み込む。両拳の間隔は顔幅ぐらいで、両拳の峰が正対する。このとき肘は外に張らないように丸みをたもってやや沈める。視線は両拳のあいだを抜ける。**5**

4

5

15 転身左蹬脚

zhuanshenzuodengjiao

1 重心をゆっくり左足に移し、左に身体をひねるとともに右足のつま先を内に入れる。(90 度以上、できれば 135 度ぐらい) 1 2

1

2

2 続いて、右足に重心をもどし、両こぶしを開きながら円を描いておろし腹前で左手を外にして合わせる。同時に左足をよせる。3 4

3

4

3 両手をあげ分け開きながら左のヒザをあげ、左のかかとを前に蹴りだしながら、両腕を開き手のひらを外に向けながら左手は進行方向（左足を蹴りだした方向）に、右手は斜め右後ろに向かって張りだす。張りだした腕は伸ばしきらない。

5 6

16 左下勢独立

zuoxiashiduli

沈み込みから立ち上がる動き

1 左足のヒザから下をゆるめ垂らし、かかとを外に回しながら右足脇におろす。身体をやや右にひねりながら右足のつま先を少し開き、右手は鉤手にして左手を円くして右腕によせる。1 2

2 右ヒザを曲げてしゃがみこみながら左足を左横に、つま先を横に向けて伸ばしだす。3

3 身体を左にひねりながら右手の鉤手をほどいて回しおろし、同時に左手を進行方向に左足にそってだす。左のつま先を開きヒザを曲げてゆっくり重心を左足に移し右足のつま先を内に入れて弓歩となり、身体を立てる。

4 5 6

4 左のつま先をやや開き、しっかり重心をかけて立ち上がり、右ヒザを上げて片足立ちとなる。左手は押さえるように下におろし腰の脇に、右手は身体の脇から顔の前に弧を描いて跳ねあげるようにだし、指先は目の高さまであげる。 7 8 9

17 右下勢独立
youxiashiduli

1 右足をゆるめ左足の脇におろす。身体を左にひねりながら左足のつま先を開き、右足をよせる。左手は鉤手にして斜め前にあげ、右腕を円くして左腕によせる。1 2

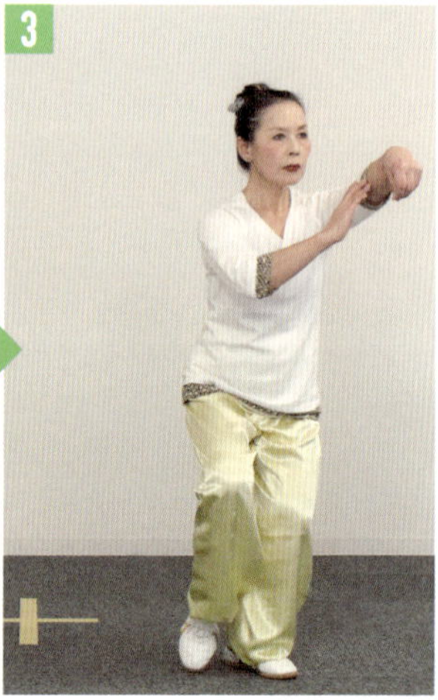

2 左ヒザを曲げてしゃがみこみながら右足を横に伸ばしだす。3

3 身体を右にひねりながら左手の鉤手をほどいて回しおろし、同時に右手を進行方向に右足に沿ってだす。右ヒザを曲げてゆっくり重心を右足に移し弓歩となり、身体を立てる。4 5 6

4

5
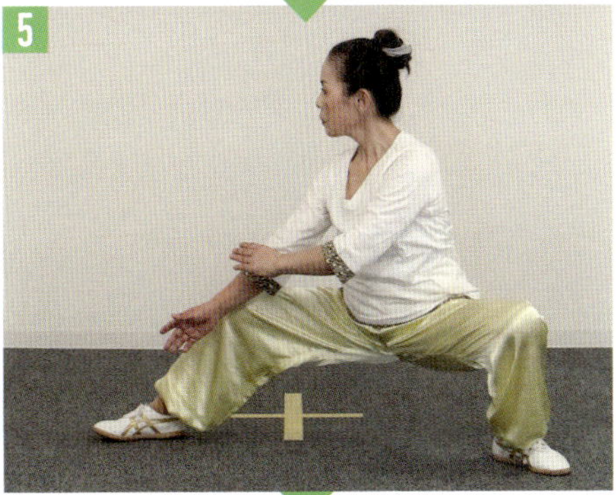

6

4 右のつま先をやや開き、しっかり重心をかけて立ちあがり、左ヒザをあげて片足立ちとなる。右手は押さえるように下におろし腰の脇に、左手は身体の脇から顔の前に弧を描いて跳ねあげるようにだし、指先は目の高さまであげる。7 8 9

7

8
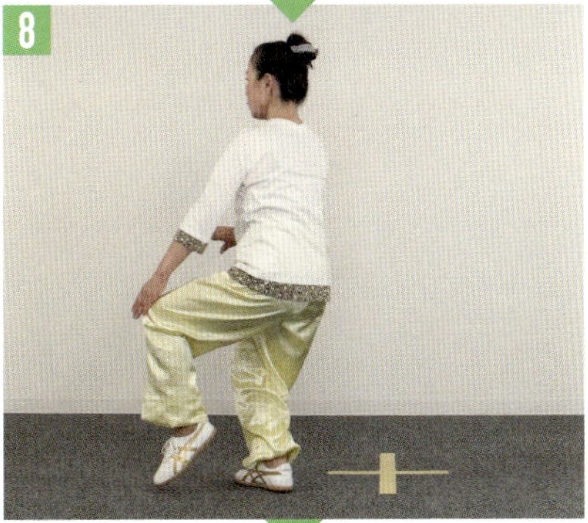

9

18 左右穿梭

zuoyouchuansuo

はたおり器をあやつる姿に似た動き

左穿梭

1 左足をやや左側にゆるめおろし、つま先を正面に向けて着地させる。右ヒザをゆるめて重心を左足に移す。1 2

2 左手が上、右手が下でボールをかかえながら、右足をよせる。3　**3** 右足を右斜め前に一歩だし、ボールを反時計回りに回すように4分の1回転ほど両腕を回す。4
4 右足にゆっくり重心を移して弓歩となる。同時に左手は顔前にだし、右手はこめかみの斜め上で支える形となる。5

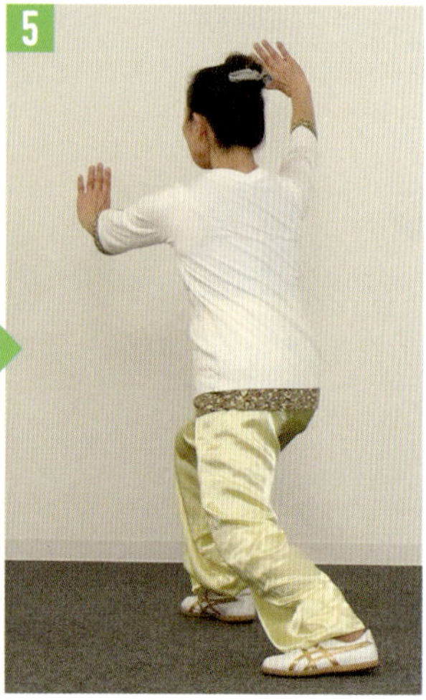

右穿梭

1 左足のヒザをややゆるめ右足のつま先を内に入れる。1　2 右手が上、左手が下でボールをかかえながら、重心を右足に乗せて左足をよせる。2　3 左足を左斜め前に一歩だし、ボールを時計回りに回すように４分の１回転ほど両腕を回す。（右手は下に押さえるように、左手は左攬雀尾の抱球から分ける左手に似る）3 左足にゆっくり重心を移して弓歩となる。同時に右手は顔前に出し、左手はこめかみの斜め上で支える形となる。4

1

2

3

4

19 海底針

haidizhen

羅針盤の指針が海底を指す動き

1 左ヒザをゆるめて右足をよせる。1

2 両腕をゆるめて回しさげながら、右足の足先を斜め右に向けて着地し、ゆっくり重心を移す。続いて右手をあげ、同時に左ヒザを持ちあげる。左ヒザから先はゆるめ垂らす。左手は左足の脇で押さえる。2 3 4

3 右手と左足を協調してさげ、右手は身体の前に、左足は下にゆるめおろす。左手は途中から右手わきにつれそっておりる。姿勢はやや低くなり、視線は前方の床を見る。歩型はつま先着地の虚歩で、身体は極端に前傾させず、お尻を突きださない。5 6

5

6

20 閃通臂

shantongbi

身をひるがえして腕を通す技

1 両手と左足をあげながら、上体をやや右に向ける。

2 両手を胸前にあげながら、左足を前にだす。

3 弓歩になりながら、左右の手を分け開くように、左手は胸前から前方にだし、右手は上にひるがえして支える形とする。 1 2 3 4

1

2

3

4

楊式流派の 閃通臂

呉式流派の 閃通臂

閃通臂のできあがり歩型は伝統的なバリエーションがある。どちらも両足ともつま先とヒザの方向をそろえること。どちらでもよいが、血流増進では楊式が有利で、脚力増進では呉式がやや有利。

21 転身搬攔捶

zhuanshenbanlanchui

押さえ、払い、穿つが重なり合う動き

1 ゆっくり右足に重心を移し、左足のつま先を十分に内に入れ、重心を左足に移しながら右に身体をひねり、左手は胸の高さで手のひらを下に向け、右手は時計回りにおりながら拳をにぎり腹前左手の下で拳背は上を向く。右足は身体の旋転に合わせて寄せる。

1 2 3

右足はとまらず螺旋を描いて前方にだし、右拳は円を描いて上から前にだし、左手は下に押さえ、身体をやや右に回しながら重心を右足に移し右の前腕から拳背で前を押さえるようにする。4　**2** 重心を右足にのせ、左足を左斜め前にだす。同時に身体を右にひねって左腕を前にだし、右の拳は拳背を下に向け身体の脇によせる。5 6　**3** ゆっくり重心を左足に移し弓歩になる。同時に身体を左にひねりながら右拳を前にだし縦拳とする。左手は右腕の内側に沿う。7

22 如封似閉

rufengsibi

封じたり閉じる動きに似せた技

1 上体をやや右にひねりながら左手を右腕の下に入れ、上体を左にもどしながら左手を右腕に沿って前にだし、同時に右の拳を開いて手のひらを上に向ける。1 2　**2** 両手を開き、手のひらを返しながら重心を右足に移して引きよせ、両手のひらを下向きで腹前に収め、虚歩となる。3 4　**3** 左ヒザをゆるめゆっくり体重を移して弓歩となる。同時に両手は胸前にだす。5

23 十字手
shizishou

1 ゆっくり右足に重心を移し、身体を開始姿勢の正面に向けてひねりながら左足のつま先を内に入れる。両手は身体の回転につれて左右に開く。1　2 重心を左足にもどしながら両手を分けおろす。2　3 右足を肩幅ぐらいの位置によせ、両手を腹前で右手を外側にして交差させ、胸前にあげる。3

1

2

3
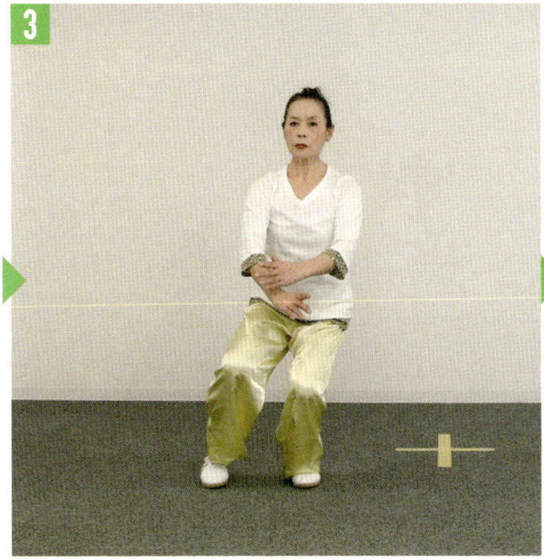

4

24 収勢

shoushi

収めの姿勢

1 とまらずに十字にした両手をあげ、左右に開いておろし腹前で印を組む。

1 2 3 4

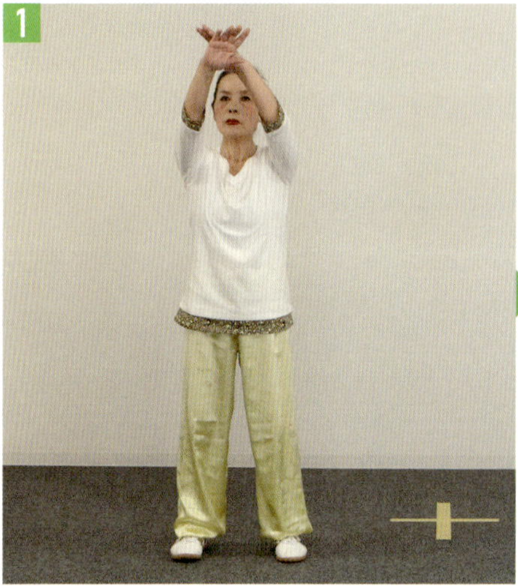

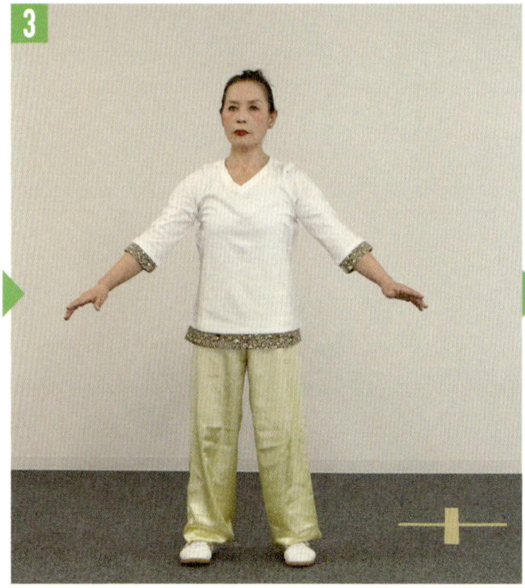

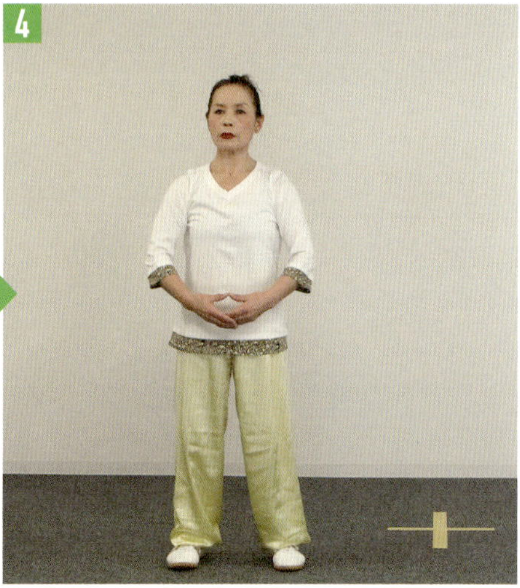

2 ひと呼吸おいて静かに印をとき、両腕をわきの開始位置に収める。5

3 右足に重心を移して左足をあげ、右足によせておろす。6 7

5

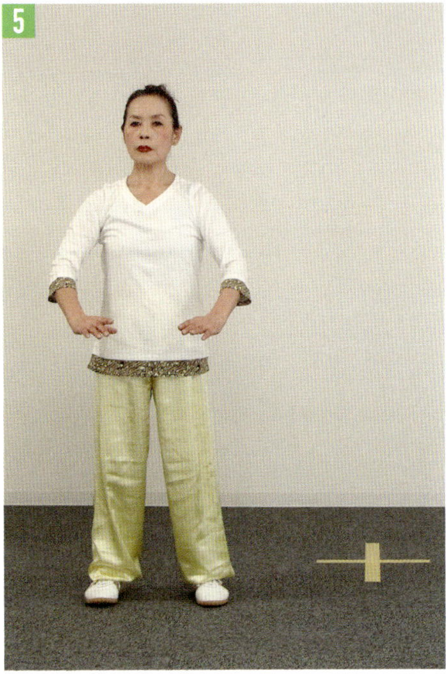

6

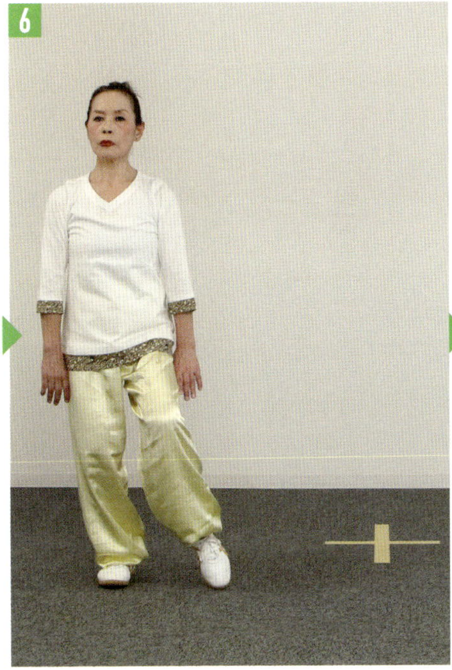

7

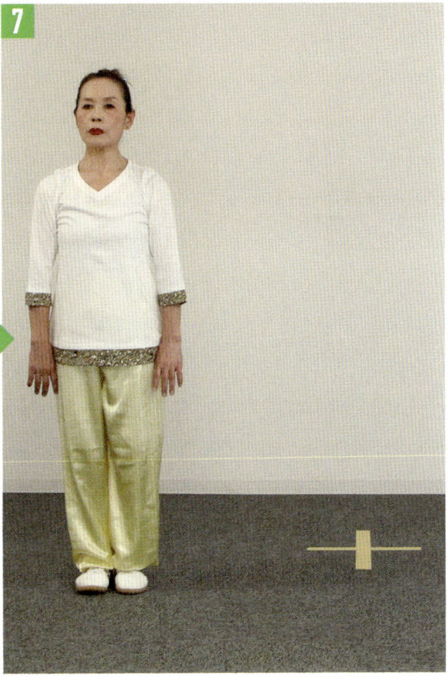

PART

5 経絡を整える「八段錦」第五段錦～第八段錦

1 第五段錦　摇頭擺尾去心火

yao tou bai wei qu xin huo

肩幅の２倍ぐらいの歩幅で立つ。ゆっくり中腰になり、手は親指を後ろにしてヒザのやや上におく。1　頭から背中はまっすぐなまま、息を吸いながら上体を右前方から正面、左前方へと回し、頭を左ヒザの真上にもってくる。このとき右腕は伸ばし右ヒザが内に入らないように支える（馬歩の形はかわらないように）。2 3　頭が傾かない程度に首を回し右足を見る。4　首と視線をもどして、息を吐きながら上体を逆に回してもとの姿勢にもどる。5 6 7

同じ動作を反対に、左方向から右前に向かって上体を回し、足もとを見る動作から元にもどるまで、逆方向におこなう。8 9 10 11 12　最後は息を吐きながらゆっくりとヒザを伸ばし、右ヒザをゆるめ左足をもどして予備姿勢にもどり、立禅の姿勢で呼吸を整える。13

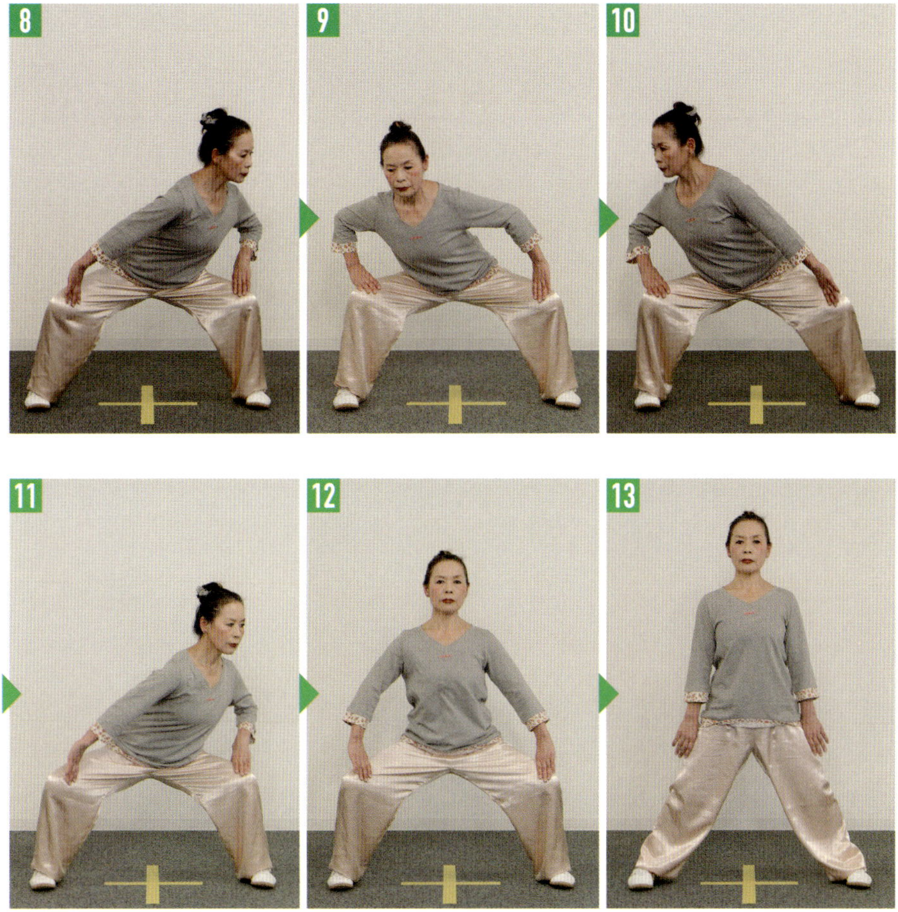

ストレスから来る障害を和らげる動きです

ポイント

このとき右腕は伸ばし右ヒザが内に入らないように支える（馬歩の形はかわらないように）。

2 第六段錦　両手攀足固腎腰

liang shou pan zu gu shen yao

肩幅ぐらいの歩幅で立ち、息を吸いながら両腕を前にあげ、息を吐きながら腹前におろす。息を吸いながら両腕を前から上に向かって頭上まであげる。1 2 3 4

1

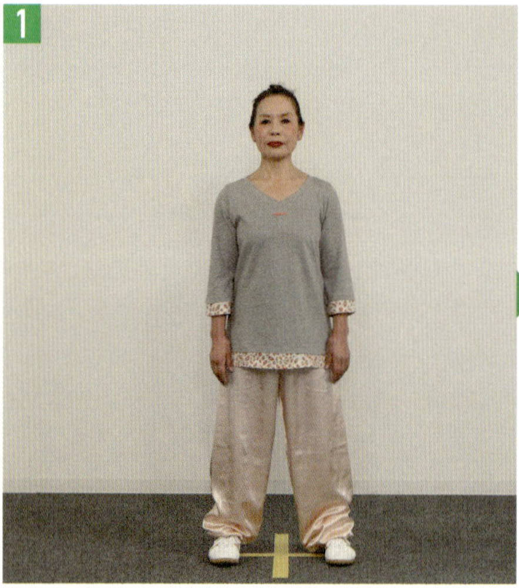

2

3

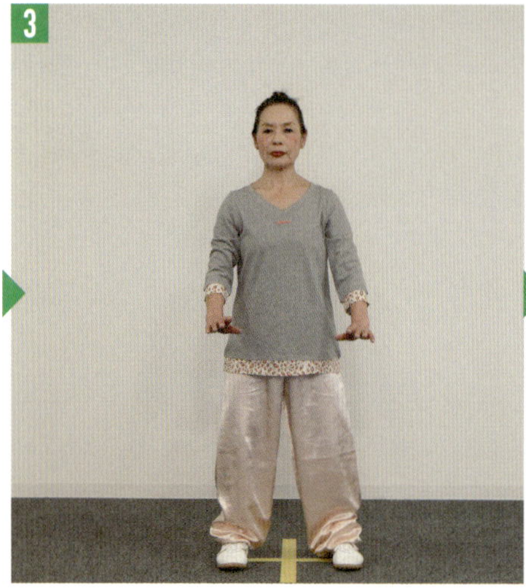

4

腰から背筋、腕を左右交互に２～３回ずつよく伸ばしてから、上体を右から左へ大きく３回ほど旋転させ、左前から反対に同様に旋転させる（伸展、旋転のときは自然呼吸で） 1 2 3 4 5 6 7 8 9

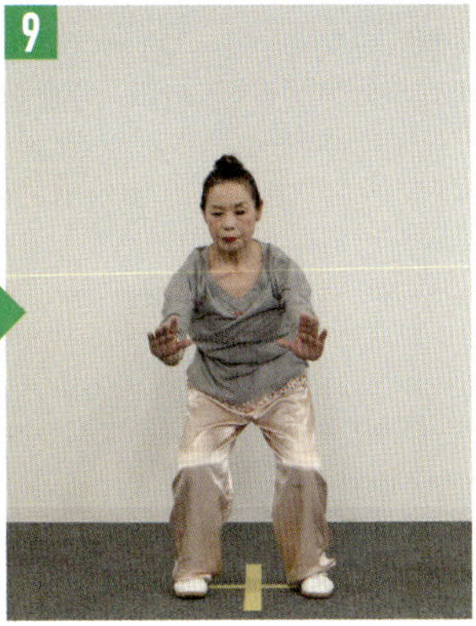

もう一度息を吸いながら身体全体を上に伸ばす。10 11　胴と腕を伸ばしたまま、息を吐きながら股関節を軸に前に折るように倒していき、両手でかかとを掴んで、自然呼吸でしばらく留まる。12　ヒザを曲げて腰をゆるめおろし、息を吸いながら身体を起こし、ゆっくりもとの姿勢にもどす。13 14

10

11

12

13

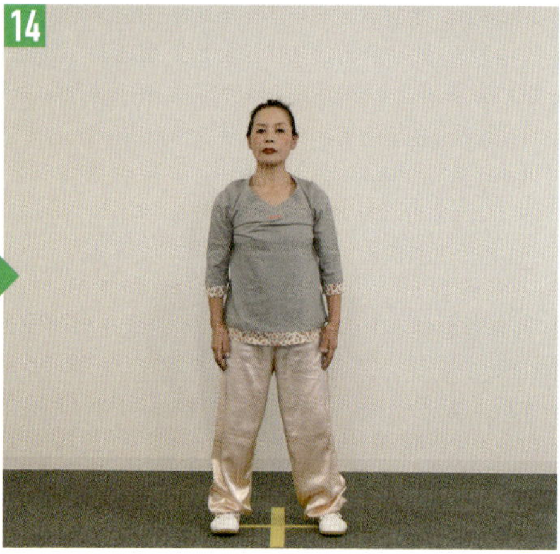
14

ポイント

前屈や起き上がる動作、回転はゆっくりとおこなう。
転倒しないように注意したい。
無理しない程度に股関節をおりたたみ、
腰裏をよく伸ばす。A

A

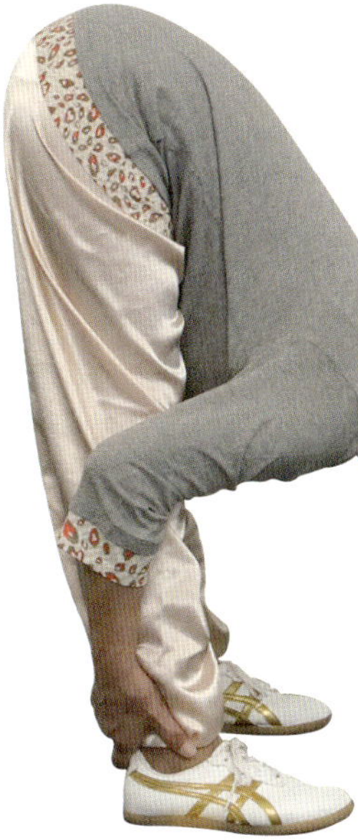

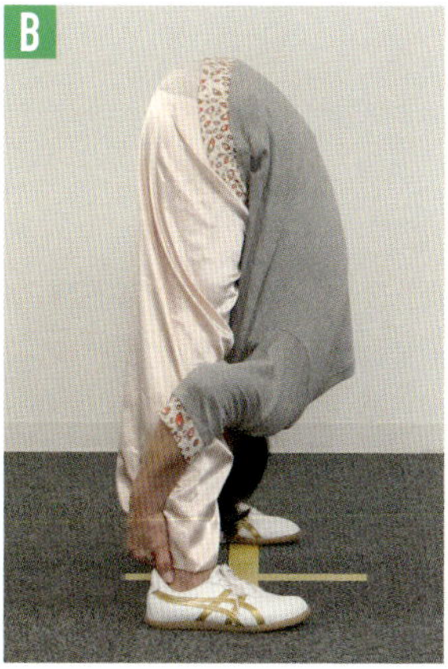

身体のやわらかいひとは股のあいだに顔を入れることができる。B

身体のかたいひとは上体をゆるめて垂らしおろせるところまででよい。

股関節を折って内臓をマッサージし、腰の強化と老廃物の排泄を促す動きです。

3 第七段錦　攢拳怒目増気力

cuan quan nu mu zeng qi li

肩幅の２倍ぐらいの歩幅で立つ。息を吸いながら両腕を広げ、息を吐き沈みながら両腕を正面におろして中腰になり、腕は自然に前に垂らす。
1 2

両手を軽く握り、息を吸いながら胸の高さまで持ちあげる。息を吐きながら左拳を徐々に左前に突きだす。右腕は肘を斜め後ろに引き、右拳を右肩によせる。このとき視線は左拳の先を見つめる。3 4 5

息を吸いながら両拳を胸前にもどし、ゆっくりと上にあげる。6 7

拳をほどいて手を開き、息を吐きながら横に開きおろし、もとの姿勢にもどる。
8 9

左右逆にして右拳で打ちだす動作をひととおりおこなう。1 2 3 4 5 6 7
息を吐きながらゆっくりとヒザを伸ばす。8

1

2

5

6

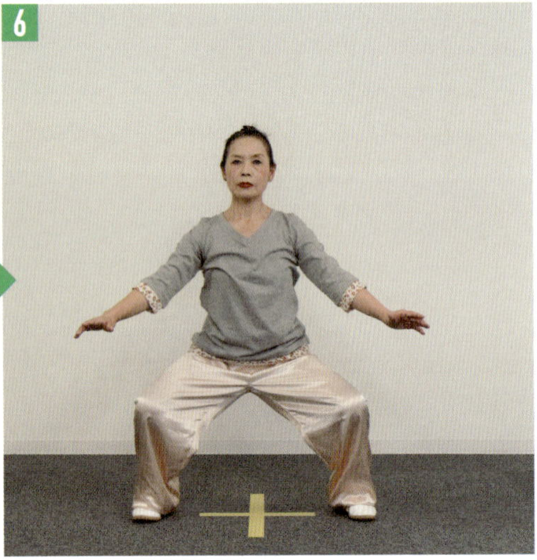

拳を握って前に突きだすことで気力を増進させる動きです。

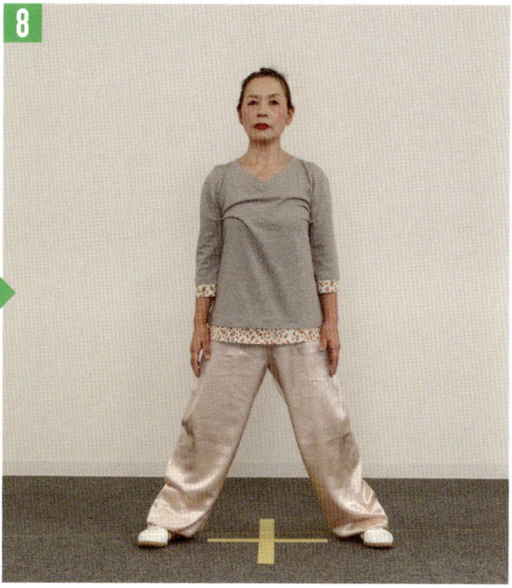

ポイント

拳を打ちだすとき、反対側の肘を下げないように。

4 第八段錦　背后七顛百病消

bei hou qi dian bai bing xiao

準備姿勢から左足を右足によせ、少しだけ間隔を開けておく。つま先は正面に向ける。1　腕をやや持ちあげておろし、手のひらを下に向け押さえるようにする。息を吸いながらかかとを持ちあげ、バランスをとりながらさらにあげつま先立ちとなる。2 3 4 5　そのまま少し留まってから、息を吐きながら身体をゆるめかかとを床におろす。ソッとおろすのではなく、適度な振動が身体に伝わるよう「トン」とおろす(強く打ち付けない)。6 7

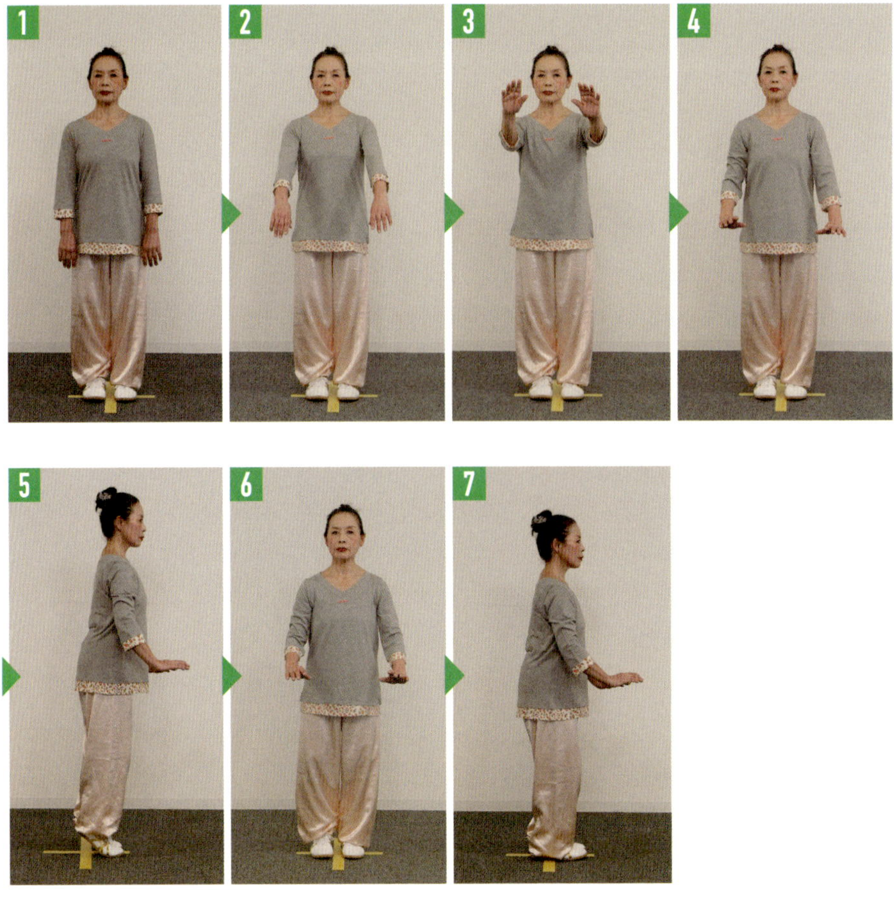

8

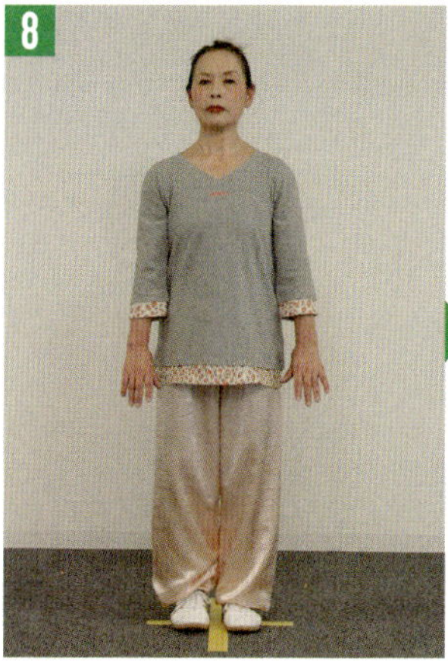

9

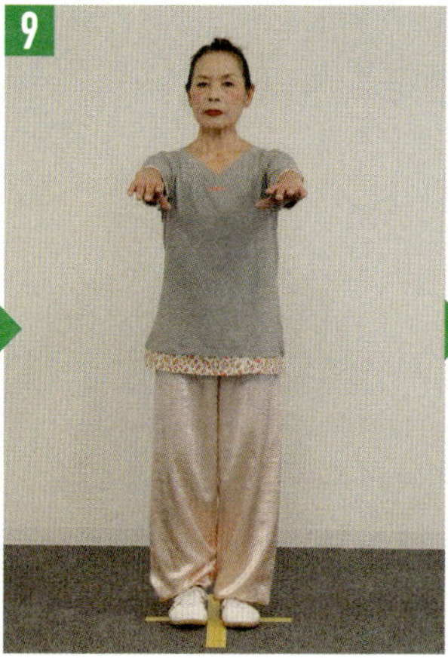

10

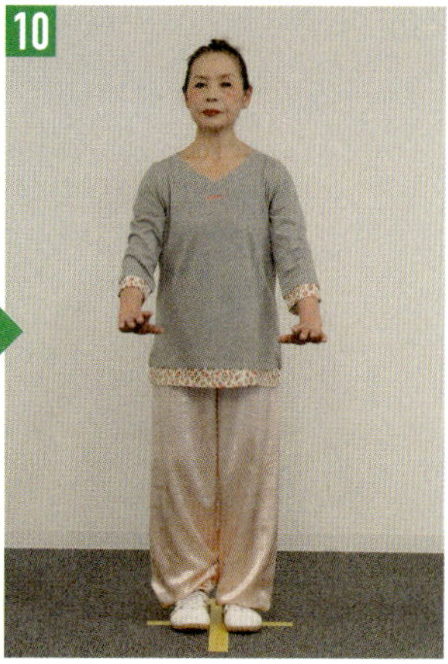

11

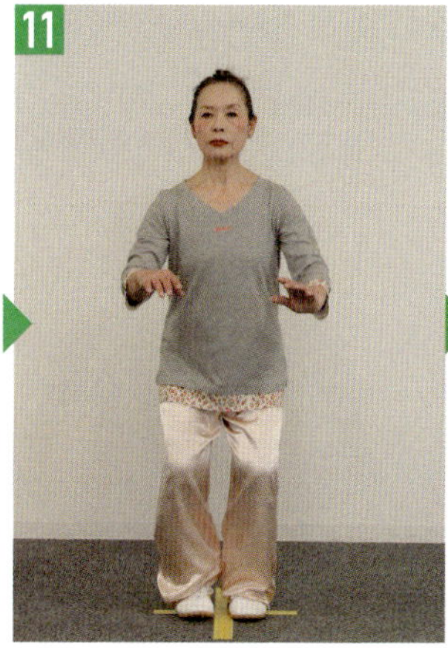

12

13

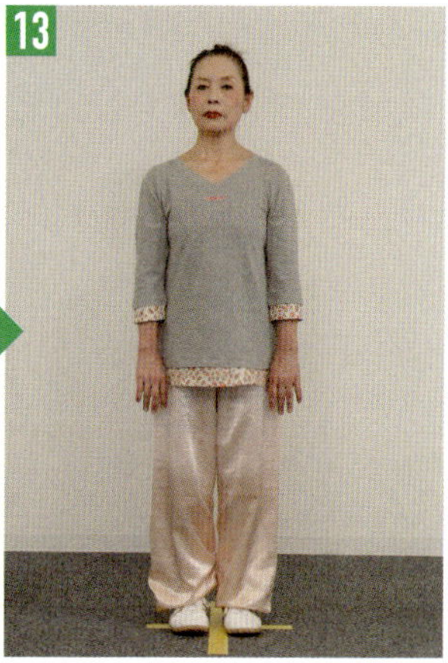

この動作を３回ぐらい繰り返す。

最後に、かかとをおろすと同時にヒザを曲げしゃがみ込み、軽く屈伸させてもよい。

8 9 10 11 12 13 14

かかとを落としたときの振動で身体を整える動きです。

14

PART 6

心と身体のクールダウン「立禅」「スワイショウ」

「立禅」

最後に立禅とスワイショウをもう一度おこない、心と身体の再調整をして、日常動作にもどりましょう。

並歩から開歩へ

両脚を揃えた立ち方から左足を横に開きます。少し右によって右足に重心をのせ、左足をゆるめあげて、ゆっくり開いてつま先からおろし、かかとをおろして重心を真ん中にもどします。1 2 3

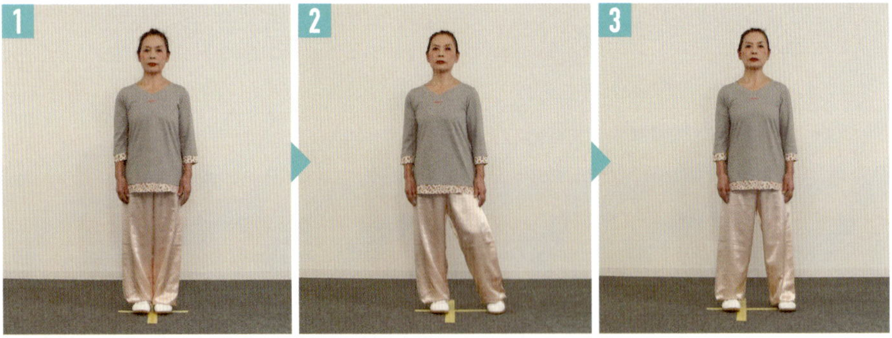

肩の力をぬいて腕をリラックスさせ、脇の下を締めないようにやや含みを持たせます。
ヒザや股関節もピンと緊張させず少しだけゆるめます。1 2
目は閉じず見開かず、顔は温和に。呼吸を整え、お腹を意識してゆっくり息を吐くようにしましょう。

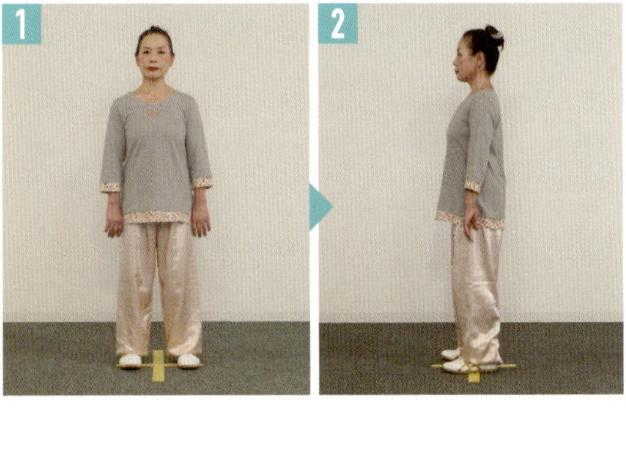

「スワイショウ」

スワイショウは整理体操としても有効な運動です。

立禅の姿勢から、ヒザをゆるめて胴の中心（ウエストあたり）をひねるように回転させ、肩から腕は力を抜いて胴にまきつくように振ります

1 2 3 4 5 6 7 8

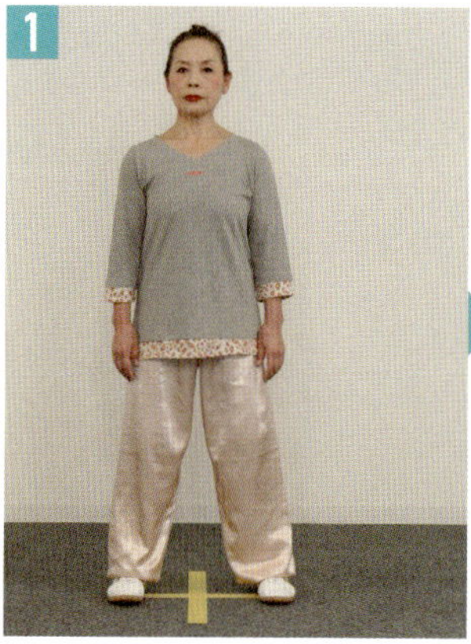

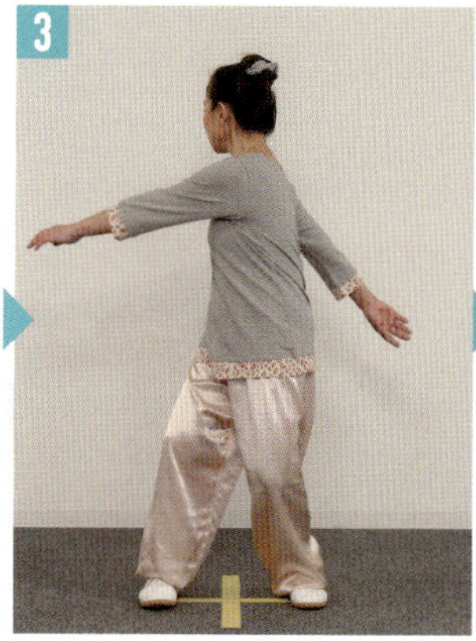

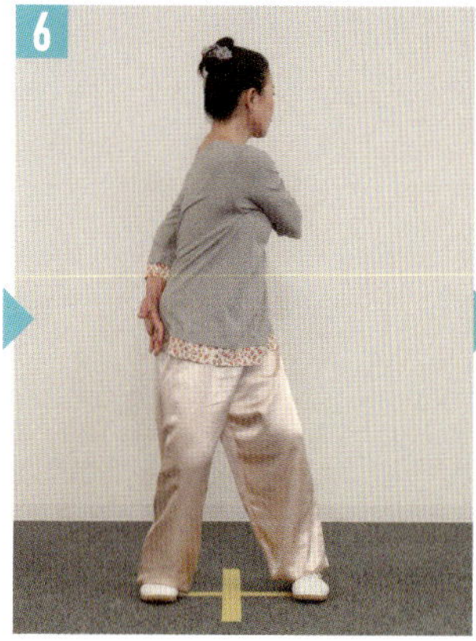

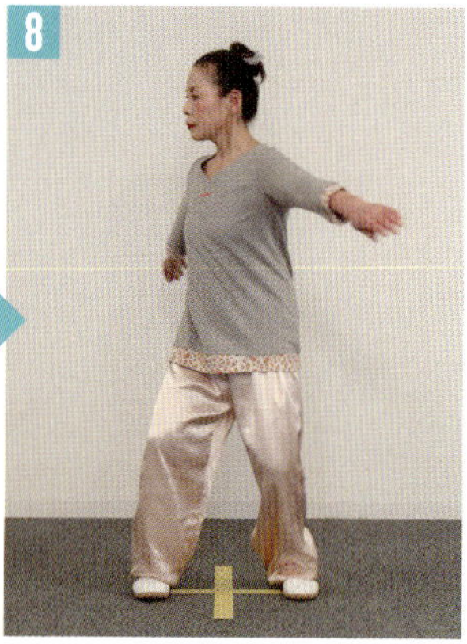

初心者の心得

太極拳五則

楊名時太極拳創始者の楊名時先生が
たいせつにした五つの原則です。

心息動

太極拳は精神と呼吸、動作が一体となってバランスがとれていることを重視します。心が乱れれば呼吸、動作もうまくいきません。この三つはお互いにおぎないあう関係で、とくに呼吸は心と動作の状態をあらわす鏡といえます。練習に入るとき立禅からはじめるのは呼吸を整えて心をおちつけ、動きに入る準備を整えるため。ゆっくり動く太極拳ではとても重要なことです。

同心協力

三国志の「桃園の誓い」からとられたことばです。同じ思いをもつ同志が一致協力してことにあたることをいいます。動いているときもまわりに気をくばり、周囲のひとと動きを同調させましょう。自分と他人の動きが協調し一体となって動けたときの達成感は、心のゆとりにつながるだけでなく、神経の活性化とともに太極拳の学習をステップアップします。

和而栄

「和」とはなごむこと、波風のない水面が平らなこと、「栄」は豊かで余裕があることです。心がなごみ、ゆとりのある状態は、心だけでなく身体全体の健康をもたらします。自分の内面だけでなく、ひととの関係も同じ。仲間うちでも、心がなごみゆとりのある状態であれば、なにごとも良い方向に向かいます。

博愛

中国で近代革命の先人といわれる孫文が好んで使ったことば。孫文は「博愛行人」（広くひとを愛し、ひとの道をおこなう）という考えのもとに辛亥革命を実現しました。なかまであるかないかを問わず、太極拳によってさまざまなひとの輪を広げ、皆が良い状態にあるようにしたいものです。

健康 友好 平和

ひとの生活は健康であることが基本。健康であれば充実した人生をおくることができます。まわりのひとを思いやる友好の心を持ち、ひとりひとりが健康による心のゆとりを持てば、世の中も落ち着きやすくなります。太極拳は武術の一派ですが、おだやかな動きには相手を知ることを優先する技法を含みます。良く知りあえば諍いはなくなる。太極拳はそれを理解する場でもあります。

NPO日本健康太極拳協会について

日本健康太極拳協会は八段錦と太極拳を通じてひとびとの健康維持と社会貢献をめざす団体です。会員のみなさんの健康維持・増進はもとより、介護支援、介護予防への取り組み、太極拳に関する学術研究もおこなっています。現在、会員向け介護支援研修会の実施、外部医療機関と連携して神経難病や心疾患手術後のリハビリテーションを対象とした臨床研究などの活動をおこなっています。

健康太極拳基本五ヶ条

動きのなかで重視したい五つの項目。みんなでそろって太極拳を行うときの指針となり、身体によい効果を得るためのよりどころとなります

平目平視

頭は傾けることなくまっすぐに、目線も平らに下へ落とさない。

頭が傾かないこと、視線が下に落ちないことは姿勢を正しくたもつ基本です。

三尖相照

上肢、下肢、頭部の向かう先を揃える。

手足と顔の方向性を整えることで、動きが整います。

上下相随

腰が動きの中心となり、前進は上肢が、後退は下肢が先導する。

太極拳は筋力ではなく力の流れを重んじます。上下相随は効率よい姿勢をたもつ基本です。

中正円転

腕の上下は肩で、左右は腰で、胴体の回転は股関節でおこない円の動きとなる。

健康効果のもとはウエストのひねり。太極拳の円運動は、腕をウエストのひねりで動かすことでなりたちます。

分清虚実

片足が実となり軸ができる。虚と実があり、真ん中で回転しない。

左右２本の軸を使いわけると、とても多くの筋肉や神経を使うことができます。なれてくれば足の軸に加えて胴体の動きも左右の軸を体感できます。

健康太極拳基本５ヶ条は「楊名時太極拳稽古要諦」から抜粋された熟語を中心に構成されています。興味のある方はぜひ稽古要諦も勉強してください。

健康太極拳基本５ヶ条は『楊名時太極拳稽古要諦』（下記）から抜粋された熟語を中心に構成されています。興味のある方はぜひ稽古要諦も勉強してください。『健康太極拳稽古要諦』（ベースボール・マガジン社刊）で詳しく述べています。

[楊名時太極拳 稽古要諦]

①気沈丹田 心静用意
②沈肩垂肘 身正体鬆
③内外相合 由鬆入柔
④上下相随 弧形螺旋
⑤主宰於腰 中正円転
⑥尾閭中正 源動腰脊
⑦含胸抜背 脊貫四梢
⑧虚領頂勁 三尖六合
⑨呼吸自然 速度均匀
⑩分清虚実 胯与膝平
⑪動中求静 眼随手転
⑫剛柔相済 手与肩平

動作の注意点

初心者が気を付けたいこと

太極拳はとてもよい健康法ですが、はじめるにあたって注意しておきたいこともあります。それは太極拳がヒザと腰に負担のかかる運動であること。でも心配はいりません。少し気を配ることで負担はぐっと軽くなります。

ヒザの弱いひとが注意したい点

1、ヒザを曲げた状態でヒザとつま先の向きが同じ方向を向いていること。
2、スワイショウのひねり運動も、ヒザとつま先の向きがそろうこと。
3、中腰でヒザがつま先より前にでないこと。

ヒザが内側に入っていると負担が増えます。 特にひねり運動でのヒザの動きは自分では気づきにくいもの。負担を感じたらヒザを伸ばしてスワイショウをしてもよいでしょう。

ヒザを前にだしすぎるのも負担を増やします。

腰の弱いひとが注意したい点

1、反り腰のひとは高めの姿勢でおこなうこと。
2、前や後ろに傾かないこと。

腰の反り方（腰椎の弯曲）はひとによって様々ですが、反りの強いひとは中腰の姿勢が負担に感じるかもしれません。そんなときはお尻を前に収める姿勢で腰の弯曲を平らにすれば腰の負担を軽くできます。ヒザを抱いてしゃがんだときは腰の弯曲が平らになっています。ご自分で体験して、姿勢の確認をしてみるとよいでしょう。

太極拳をはじめてみてヒザや腰に痛みを感じたり違和感を覚えたら、遠慮なく先生や仲間に相談してみてください。多くの場合、自分にはわからない動きのクセや姿勢の乱れも他のひとから見ればわかるものです。

身体の硬いひとに

「身体が硬いけれど太極拳はできるかしら…」と思われているなら心配いりません。太極拳は身体の柔軟性に関係なく効果を得ることができる健康法です。一部にしゃがみ込む姿勢などがありますが、無理をする必要はありません。自分でできる範囲で十分。片足立ちになるところでも、バランスを崩しそうなら足を上げなければ良いのです。それぐらいのことを端折っても、太極拳の健康効果にはあまり影響ありません。身体が硬いことを理由に太極拳をあきらめる必要はまったくなく、太極拳をしないほうが損かもしれないのです。

高齢のひと、身体の弱いひとに

太極拳は一般のスポーツと違って心臓の鼓動がはやくなったり息を切らしたりすることはありません。ですから「運動した！」という充実感はあまり感じません。それでも効きはかなり良いのです。私たちの太極拳教室にはさまざまなひとが入門されています。体力のないひとには、辛く感じたら休憩しながらできる部分だけ動いてもらい、みな太極拳を楽しんで帰られます。健康のために運動をして、転倒してしまってはそれこそ本末転倒です。バランスが心配なら片足立ちをしなくても良いのです。太極拳は独特の歩き方でだけでもバランス能力を高めることができます。体力がなくても高齢であっても、続けているうちに少しずつ転びにくい身体になっていきます。

太極拳の効能

健康増進

太極拳の運動は気血の流れを改善します。脈拍をあまり高めることなく血液の循環を良くするのは、太極拳の大きな特徴といえます。

もうひとつは遅筋の活用。一般のスポーツや筋力トレーニングは速筋を鍛えますが、太極拳は遅筋をよく動かします。遅筋は有酸素運動に使われる筋肉で、脂肪の燃焼を促進します。

血圧や脂質代謝は生活習慣病の要ともいえます。太極拳を続けることで、知らないうちによってくる生活習慣病と距離をおくことができるかもしれません。

アンチエイジング（老化防止）

「転びにくい体をつくる」

老化は足腰から…といわれますが、太極拳の効能でもっともはやくから立証されたのはこの部分。特にバランス能力改善効果です。これには中腰でゆっくり移動する太極拳の歩き方が効きます。この効能は太極拳の練習をくりかえすことで、上手下手や運動神経の善し悪しに関係なく手に入れることができる、とても公平なもの。この一点だけでも社会に役立つ運動といえるでしょう。

また、太極拳の動きは一般のスポーツとくらべて小さな筋肉までまんべんなく使います。それによって体幹のバランス能力が培われ、バランスを崩したときの立ち直り能力が向上します。

「筋力を維持する」

太極拳は筋活動のエキセントリック収縮を多用する運動であることも重要です。エキセントリック収縮とは、筋が伸びながら力を発揮すること。中腰でゆっくり移動することによって、下肢筋のエキセントリック収縮を十分に発揮させる運動です。加齢で筋力は少しずつ低下していきますが、エキセントリック収縮の筋活動は加齢による筋力の低下が少ないのが特徴。太極拳は最後まで頼れる筋肉の鍛え方をする運動なのです。

「日常動作が衰えにくい」

太極拳はゆっくり動くためにふつうのスポーツではできない刺激を脳や体に与えます。独特のゆっくりした腕の動きは、それを支える胴体の筋を鍛え、ゆっくり動くための運動感覚は神経全体を鍛えます。それによってふだんの生活動作も衰えにくくなります。

ロコモ予防に

2013年から厚生労働省が力を入れるのが「ロコモ」対策。ロコモとは ロコモティブシンドローム（locomotive syndrome、）の略で、運動器の機能低下のこと。それによって生活活動の維持ができなくなり、要介護につながります。ロコモによって、筋力の低下から 骨粗鬆症、変形性関節症、脊柱管狭窄症なども発症しやすくなります。早いひとは４０代からあらわれるといわれています。

ロコモにならないためにウオーキングやスクワットなどさまざまな運動が推奨されていますが、太極拳もロコモ対策にとても有効な運動です。太極拳の良い点は、身体の弱ったひとでも安全に効果を得られるところ。たとえば、片足立ちはバランス能力をはかる指標ですが、片足立ちを一生懸命やるとヒザに負担がかかり故障をおこしやすくなります。スクワットもやり方を間違えると腰の負担になります。太極拳で使う中腰の歩き方は、片足立ちのバランス運動とスクワットの効果をうまく利用して、無理なく足腰を鍛えることができます。また、太極拳の腕の動きには胴体のバランス能力を鍛える効果があります。転倒しそうになったときの回復力のカギは胴体のバランス。その効果を得る秘訣はゆっくり動くことです。ゆったりと長めに時間をつかう楊名時太極拳をお勧めする理由はここにもあります。

太極拳でできること

リハビリテーション

太極拳は転倒防止効果が期待できることから、病後の機能回復やリハビリテーションなどにも応用できる可能性を持ちます。また、独特の運動理論を用いてパーキンソン病などの神経難病への対応研究も進められ、効果が認められつつあります。NPO 日本健康太極拳協会は国立病院機構徳島病院の推進するMentality-oriented Rehabilitation の一環としてパーキンソン病リハビリテーション用の太極拳メソッド（パーキンソン TAICHI）を開発し、臨床現場で研究をすすめています。

介護支援

太極拳の動きには胴体の機能、呼吸や姿勢維持はもとより内臓への運動刺激を与える効果があります。NPO 日本健康太極拳協会ではこの運動機能を活かして車イスで生活するひとや高齢者の健康支援、運動機能向上を目指した座ってできる太極拳套路「Any3 TAICHI」を開発し指導者の育成に努めています。また座ってできる気功ストレッチ「坐功八段錦」は介護・健康支援のみならずリハビリテーションの現場でも安全に呼吸筋や姿勢維持筋を元気にする運動として利用されています。これらのメソッドは介護や医療の現場だけでなく、すべてのひとに太極拳の良さを凝縮してお届けできる健康法でもあります。

病中病後の支援

太極拳はからだの弱いひとでもおこなうことができる軽運動です。病中病後はそれなりにケアを必要としますが、太極拳のおだやかな運動特性はそんなときにも役に立ちます。

また、座ってできる太極拳「Any3 TAICHI」は下肢のむくみにも有効であることがわかってきました。がんに代表されるような強いお薬を服用しなければならない病気は、むくみの副作用をともなうことがあります。体力が万全ではないときにも、太極拳のおだやかな動きは体を良い方向に向かわせる可能性を持っています。

心のケア

一般的なスポーツはやっているひとや見ているひとの心を高揚させるものですが、太極拳はやっているひとの心を落ち着かせる特性があります。これは太極拳が呼吸と深く結びついた運動であることが大きな要因。競技スポーツは脳内環境を「闘争」に、心地よい刺激は脳内環境を「快楽」に、太極拳は脳内環境を「落ち着き」に持っていきます。太極拳が「動く禅」と呼ばれるのもそのためです。動きが呼吸に結びついているといっても、呼吸を意識しすぎるのは逆効果。楊名時太極拳では八段錦を組み合わせることで呼吸をしっかり身体に染みこませ、じっくり準備をしてから太極拳をはじめることで無意識で自然な呼吸を誘います。ゆっくり動くことによって運動感覚の信号がたくさん脳に送られることも利点のひとつです。送られる信号が多いことは脳の働きを促進している証し。太極拳は落ち着きを得ながらも精神を活性化するのです。

著者　楊進（よう・すすむ）

1947年京都生。薬学修士。楊名時太極拳始祖・楊名時師家の長男で後継者（京劇で有名な「楊令公」の子孫で山西楊家第41代）、NPO法人日本健康太極拳協会理事長、太極学院学院長。内家拳研究会主幹。幼少より太極拳を楊名時に、形意拳を王樹金に学ぶ。数少ない李天驥の直弟子のひとり。編著書に『新版健康太極拳規範教程』『健康太極拳稽古要諦』（ともにベースボール・マガジン社　2011）、太極拳の古典を解説した『太極拳経解釈　至虚への道』（二玄社　2009）、訳書では『健身気功・易筋経』等多数。「推手入門」等ビデオ、DVD作品も多数ある。

著者　橋　逸郎（はし・いつろう）

1954年生まれ、愛知県出身。NPO法人日本健康太極拳協会諮問会議委員、医療・運動研究委員会副委員長、楊名時太極拳師範、中部内家拳研究会代表、半田市健康太極拳協会代表、東海ホリスティック医学振興会理事、中部学院大学非常勤講師。編著書に楊進との共著『新版健康太極拳規範教程』、『健康太極拳稽古要諦』。雨宮隆太との共著『太極拳が身体によい理由』『健康太極拳エクササイズ』等。訳書に『健身気功・八段錦』『原典練功十人法』（ともにベースボール・マガジン社）がある。

演武　齋藤弘子（さいとう・ひろこ）

1947年生まれ。楊名時太極拳師範、太極拳歴35年。楊名時太極拳の練習を積み重ね、自己研鑽の目的で競技にも参加。競技流派の太極拳を学ぶことなく全日本レベルの競技会で活躍し、全日本武術太極拳選手権大会では第25回から29回まで5年間連続して簡化二十四式太極拳A部門で1位。楊名時太極拳の他に楊進伝授の武当剣も修める。

撮影協力　雪谷大塚クリニック
雨宮隆太院長

DVDでよくわかる！ **健康太極拳入門**

2013年4月30日　第1版第1刷発行
2018年6月29日　第1版第3刷発行

著　者　楊進・橋逸郎
発行人　池田哲雄
発行所　株式会社ベースボール・マガジン社
〒103-8482　東京都中央区
日本橋浜町2-61-9　TIE浜町ビル
TEL：03（5643）3930（販売部）
TEL：03（5643）3885（出版部）
振替口座　00180-6-46620
http://www.bbm-japan.com/

印刷／製本　共同印刷株式会社

装丁・デザイン／黄川田洋志、井上菜奈美
田中ひさえ、坪井麻絵（ライトハウス）
スチール撮影／馬場高志
映像制作／高澤泰一　木戸清貴　石田勇記

※価格はカバーに表示してあります。※本書の文書、写真の無断転載を禁じます。
※本書を無断で複製する行為（コピー、スキャン、デジタルデータ化など）は、私的使用のための複製など著作権法上の限られた例外を除き、禁じられています。業務上使用する目的で上記行為を行うことは、使用範囲が内部に限られる場合であっても私的使用には該当せず、違法です。また、私的使用に該当する場合であっても、代行業者等の第三者に依頼して上記行為を行うことは違法となります。
※落丁・乱丁が万一ございましたら、お取り替えいたします。

©2013 YOU&HASHI

Printed in Japan
ISBN978-4-583-10553-6 C2075